Vegetarische Trennkost

Rose Marie Donhauser

Vegetarische Trennkost

nach Dr. Hay

Südwest

Inhalt

Was wissen Sie über gesunde Ernährung ?

Wer sich abwechslungsreich und vielseitig ernährt, hat beste Chancen, alle lebensnotwendigen Nährstoffe in ausreichender Menge aufzunehmen.

Beantworten Sie folgende Fragen. Die Lösungen finden Sie auf Seite 127 des Buches.

1. Welches der drei Lebensmittel liefert am meisten Vitamin C?

a) Paprikaschoten ❑
b) Orangen ❑
c) Johannisbeeren ❑

2. Wie bekommt man Müdigkeit während der Arbeit am besten in den Griff?

a) mit Cola ❑
b) mit frisch gepresstem Orangensaft ❑
c) mit Kaffee ❑

3. Was können Sie mit Trennkost erreichen?

a) Müdigkeit vertreiben ❑
b) Stoffwechselkrankheiten bekämpfen ❑
c) Gewicht verlieren ❑

4. Was ist das Grundprinzip der Hay`schen Trennkost?

a) sich an Kalorien und Joule zu orientieren ❑
b) keinen Alkohol zu trinken ❑
c) Eiweiß und Kohlenhydrate zu trennen ❑

5. Was sind denaturierte Lebensmittel?

a) stark erhitzte, ausgemahlene oder raffinierte Nahrungsmittel ❑
b) neutrale Kost ❑
c) natürliche Nährstoffe ❑

6. Was zählt zu den Basen bildenden Lebensmitteln?

a) Gemüse ❑
b) Käse ❑
c) Eier ❑

7. Was zählt zu den Säure bildenden Lebensmitteln?

a) Obst ❑
b) Salate ❑
c) Brot ❑

8. Warum steht auf Weizenvollkornmehltüten keine Typen-Bezeichnung?

a) steht schon darauf, aber nur sehr klein ❑
b) weiß ich nicht ❑
c) sobald das ganze Korn vermahlen wird, ist die Bezeichnung überflüssig ❑

9. Was ist Fruchtnektar?

a) ein besonders süßer Saft ❑
b) ein Fruchtsaftgetränk, das mit Zucker

und Aromastoffen angereichert wird. Nektar besteht nicht zu 100 Prozent aus Fruchtsaft ❑
c) der ganze Saft von frischen Früchten ❑

10. Welchem Spargel würden Sie den Vorzug geben?
a) im Glas ❑
b) tiefgefroren ❑
c) frisch in der Saison ❑

11. Welche Nudeln werden nach der Hay`schen Trennkost empfohlen?
a) Vollkornnudeln ❑
b) Weißmehlnudeln mit Ei ❑
c) Weißmehlnudeln ohne Ei ❑

12. Zum Frühstück gibt es Vollkornbrot mit Butter, fettem Käse und Gurkenscheiben. Welcher Gruppe ist es zuzuordnen?
a) kohlenhydratreiche Kost ❑
b) neutrale Kost ❑
c) eiweißreiche Kost ❑

13. Wie können Sie am gesündesten ausreichend Vitamine und Mineralstoffe aufnehmen?
a) bei unregelmäßiger Ernährung grundsätzlich jeden Tag eine Vitamintablette als Prophylaxe aufnehmen ❑
b) von allem ein bisschen essen, dann wird das schon passen ❑
c) auf eine ausgewogene, natürliche und vielseitige Ernährung achten ❑

14. Sie sind eingeladen, und es gibt Pizza mit Parmesan und gemischtem Salat. Sie wollen sich aber strikt nach der Hay'schen Trennkost ernähren.
a) Sie sagen unter irgend einem Vorwand ab ❑
b) Sie rufen an und fragen nach, ob es möglich ist, ihren Teil Pizza mit Gorgonzola oder Roquefort zu überbacken ❑
c) Sie lassen den Salat einfach weg ❑

15. Ein frischer Apfel mit hohem Fruchtsäuregehalt wird der Eiweißgruppe zugeordnet. Mürbe, gelagerte Äpfel hingegen können mit Reis oder Nudeln gegessen werden. In dem Fall gehören sie zur Gruppe
a) weiß ich nicht ❑
b) neutrale Kost ❑
c) kohlenhydratreiche Kost ❑

16. Glauben Sie, dass Sie nach den Hay'schen Ernährungsprinzipien ein Leben lang harmonisch trennen und damit gesund leben können?
a) nein ❑
b) ja ❑
c) das ist eher eine zeitlich begrenzte Diät ❑

Sollten Sie beim Lösen der Fragen Schwierigkeiten haben, dann lesen Sie die Einführungsseiten genau durch.

Dr. Hay war der Ansicht, dass viele Zivilisationskrankheiten in einer falschen Ernährung ihre Wurzeln haben. Sein Motto war: Mit der Natur leben und mit der Natur eins sein.

Trennkost – der gesunde Genuss

Du bist, was Du isst. Und nach Dr. Hay sogar, wie du isst.

Der amerikanische Arzt Dr. Howard Hay gilt als einer der großen Ernährungsreformer des letzten Jahrhunderts. Seine Theorie war, die aufzunehmende Nahrung zu sortieren und harmonisch zu trennen. In der Praxis lebte er selbst danach; man kann sogar sagen, dass Dr. Hay auf Jahre hinaus sein eigenes, überaus erfolgreiches Versuchsprojekt war. Seine Forschungsarbeiten auf dem Ernährungssektor sind bahnbrechend, denn was ihn selbst von einer schweren Krankheit, der damals unheilbaren Bright'schen Nierenerkrankung, heilte, gab und gibt vielen Menschen Hoffnung und Heilung für Stoffwechselkrankheiten und Erlösung von dem Diätdilemma.

Der Grundgedanke von Dr. Hay

Es wäre natürlich zu einfach, die revolutionäre Ernährungsumstellung nach Dr. Hay als Kost zu erklären, bei der Eiweiß und Kohlenhydrate lediglich getrennt gegessen werden. Dr.Hay wollte mehr als »trennen«. Er will unser Bewusstsein schärfen, mit Verstand zu essen und unser kostbarstes Gut, den Körper, »menschlich zu behandeln und zu achten«.

Gesundheit fängt bei der Ernährung an

Seit nunmehr über 100 Jahren haben wir dank den Erfolgen in der Chemie und Biologie mehr und mehr Einsichten in die Stoffwechselvorgänge im menschlichen Körper erlangt. Die Ernährungsforschung gibt uns Aufschluss darüber, wie bestimmte Inhaltsstoffe in unserem Essen im Körper verarbeitet werden. Die physiologischen Abläufe zeigen, welche Nahrung uns gut tut und welche nicht. Die Verbraucher können

sich dank der sich immer weiter entwickelnden Ernährungswissenschaft optimal über das ganze »Gesundheitspaket« informieren.

Ernährung früher und heute

Dr. Hay betont in seinen Veröffentlichungen immer wieder, dass die meisten Zivilisationskrankheiten auf eine falsche Ernährung zurückzuführen sind. Doch was heißt falsche Ernährung? Zu fett, zu große Mengen, das Falsche, zu einseitig und zu unvernünftig?

Noch bis in die jüngste Vergangenheit war die Nahrungsaufnahme von der Verfügbarkeit der Erzeugnisse aus der Tier- und Pflanzenwelt abhängig. Mangel und Überfluss wechselten sich ab, und in der Versorgungslage der Bevölkerung gab es zwischen den gesellschaftlichen Schichten erhebliche Unterschiede. Die Ernährungsform wurde insofern gesteuert, als es bestimmte Lebensmittel nicht gab oder sie selten auf den Tisch kamen.

Wer denkt nicht noch gerne an den Sonntagsbraten, was bedeutete, dass es nur einmal pro Woche Fleisch gab. Ernährungsprobleme gab es noch gar nicht in der Form, wie wir heute damit konfrontiert sind. Der menschliche Körper war mehr dahin ausgerichtet, mit »Ernährungsmangel« fertig zu werden als mit Überernährung. Unsere ernährungsbedingten Zivilisationskrankheiten keimten erst nach dem zweiten Weltkrieg auf, als das Angebot an Lebensmitteln stieg. Mittlerweile haben wir die Möglichkeit, jeden Tag nach Belieben zu schlemmen. Viele tun das auch.

Überfluss = Überdruss

Bei dem Riesenangebot auf dem Ernährungssektor hat es einige Zeit gedauert, bis sich die Menschen bewusst wurden, dass sie mehr essen als ihr Körper benötigt und verbrauchen kann. Der Überschuss an Kalorien macht unserem Körper gehörig zu schaffen. Wir essen zum Teil, als würden wir den ganzen Tag Holz hacken und sitzen dabei vielleicht »nur« am Schreibtisch.

Dr. Howard Hay, der »Urvater der Trennkost«, konnte sich mit seiner Ernährungsform selbst von einer Nierenerkrankung heilen. Er starb mit 71 Jahren an den Folgen eines Unfalls.

Inhaltsstoffe in Lebensmitteln

Nährstoffe sind, vereinfacht dargestellt, die in der Nahrung enthaltenen Verbindungen, die für uns Menschen zum Überleben notwendig sind. Lebensmittel liefern Inhaltsstoffe in Form von Energie liefernden Kohlenhydraten, Ballaststoffen, Fetten und Eiweiß, aber auch Vitamine und Mineralien benötigt der Körper zur Aufrechterhaltung all seiner Stoffwechselfunktionen.

Die Hay`sche Trennkost bedeutet eine naturgemäße Ernährungsform, die sich den chemischen Verdauungsgesetzen anpasst. Das Grundprinzip besteht darin, Eiweiß und Kohlenhydrate getrennt voneinander zu sich zu nehmen.

Eiweiß ist lebensnotwendig

Eiweiß ist ein essenzieller Funktions- und Baustoff unseres Körpers, den wir täglich benötigen. Bei dem heutigen üppigen Nahrungsangebot nehmen wir jedoch mehr als das doppelte der Empfehlungen auf. Schlecht für unseren Körper, denn eiweißreiche Lebensmittel, insbesondere Fleisch und Wurstwaren, liefern meist gleichzeitig auch Purine, die im Stoffwechsel zu Harnsäure umgebaut werden. Nehmen wir also zu viel Eiweiß und Purine auf, steigt der Harnsäurespiegel im Blut zu stark an, und die Harnsäure kann z. B. in Gelenken auskristallisieren. Dann sprechen Ärzte von einer Gicht. Ein zu hoher Fleischkonsum steht zudem in Verdacht, das Risiko für Darmkrebs zu erhöhen. Die tägliche Eiweißzufuhr sollte aus zwei Drittel pflanzlichem und einem Drittel tierischem Eiweiß bestehen. Für Vegetarier ist es wichtig, die Eiweißquellen genau zu kennen, denn für sie fallen wesentliche Eiweißlieferanten wie Fleisch, Wurstwaren, Fisch, Eier, Milch und Milchprodukte unter Umständen vollständig weg. Für sie spielen dann Tofu und Seitan als pflanzliches Eiweiß eine große Rolle.

Was sind Kohlenhydrate?

Spätestens seit Boris Becker wissen wir alle, dass Bananen und Spaghetti die besten Kohlenhydratlieferanten sind, die pure Energie liefern.

Rein wissenschaftlich betrachtet sind Kohlenhydrate entweder einfache Zucker oder aus einfachen Zuckern zusammengesetzte Verbindungen. Sie werden unterteilt in:

- Einfachzucker (Frucht- oder Traubenzucker)
- höhere Zucker (Milch-, Rohr-, Rüben- oder Malzzucker)
- Vielfachzucker (Zellulose, Stärke und Glykogen).

Empfohlener Anteil der Kohlenhydrate in unserer Nahrung: Etwa 60 Prozent der zugeführten Kalorien.

Das richtige Kohlenhydrat

Dr. Hay wie auch seine Fachkollegen raten von Kohlenhydratzufuhr in Form von Einfachzucker wie in Süßigkeiten, Limonaden, raffiniertem Zucker ab. Dagegen wird der Vielfachzucker, der in natürlichen Nahrungsmitteln vorhanden ist, wie z. B. in Bananen, Kartoffeln, Vollkornprodukten, generell empfohlen. Sie gehen im Gegensatz zu Einfachzuckern nur langsam ins Blut über und lassen somit den Blutzuckerspiegel nur langsam ansteigen. Sie sättigen stärker und schützen vor Heißhunger. Ballaststoffe zählen zu den zusammengesetzten Kohlenhydraten.

Nach Dr. Hay sind die Ballaststoffe unabdingbare Bestandteile unserer Ernährung. Sie kommen reichlich in natürlichen Nahrungsmitteln wie Gemüse, Früchten und Vollkornprodukten vor. Ballaststoffe verfügen über hervorragende Eigenschaften für den menschlichen Organismus.
Lösliche Ballaststoffe wie Pektine sind in Äpfeln, Johannisbeeren und Zitrusfrüchten vorhanden.
Unlösliche Ballaststoffe wie Zellulose und Hemizellulose sind Bestandteile der Zellwände von pflanzlichen Nahrungsmitteln wie beispielsweise von Gemüse, Früchten oder Getreiden.
Eine ballaststoffreiche Kost hat mehrere Vorteile:

- Die Ballaststoffe regen die Darm- und Verdauungstätigkeit an.
- Sie schieben »den Müll« durch den Darm und beugen einer Verstopfung vor.
- Die Kombination von Ballaststoffen und viel Flüssigkeit zum »Aufquellen« gibt ein hohes Sättigungsgefühl.

Für die Verdauung der Ballaststoffe hat der menschliche Körper keine Enzyme. Sie gelangen deshalb nahezu unverändert in den unteren Darmbereich, wo sie von Bakterien aufgespalten werden.

Vitamine machen glücklich

Vitaminpräparate sind überflüssig, wenn die Nahrung aus reichlich frischem Obst und Gemüse, Vollkornprodukten, Milch und Milchprodukten besteht.

Für uns sind Vitamine lebensnotwendige Wirkstoffe, die bei zu geringer, keiner oder zu hoher Zufuhr zu Mangelerscheinungen bzw. zu Überdosierungen, einer so genannten Hypervitaminose, führen können. Die Versorgungslage mit Vitaminen entscheidet, ob es uns gut geht und wie wir uns fühlen. Von ihnen hängt ab, ob zahlreiche Stoffwechselreaktionen überhaupt stattfinden können.

Man unterscheidet zwischen den vier fettlöslichen Vitaminen A, D, E und K, die im Organismus gespeichert werden, und den wasserlöslichen Vitaminen B1, B2, B6, B12, C, Niacin, Pantothensäure, Biotin und Folsäure. Wasserlösliche Vitamine können im Körper nicht (oder nur in sehr geringen Mengen) gespeichert werden.

Mit Trennkost geht`s

Eine ausreichende Versorgung mit den unverzichtbaren Lebensstoffen – den Vitaminen – fördert unseren Organismus und hilft ihm. Für unser Wohlbefinden sind die Vitamine verantwortlich. Die Hay`sche Trennkost verhilft uns durch Ausgewogenheit und Natürlichkeit zu einer vitaminreichen Ernährung.

Natürlich und sanft behandeln

Wie eingangs berichtet, hilft die Ernährungsweise nach Dr. Hay bei einer Vielzahl von Krankheiten, wie z. B. Diabetes, Herz-Kreislauf-Krankheiten, Nierenerkrankungen, Stoffwechselstörungen und Übergewicht. Doch lassen Sie uns ein bisschen mehr auf das allgemeine Wohlbefinden eingehen.

Dieses Wohlbefinden ist fast ausschließlich von unserer Ernährung abhängig. »Du bist, was du isst und du fühlst, was du isst«. Müdigkeit, Depressionen, Leistungsschwankungen, Muskelschmerzen, allgemeine Müdigkeit in den

Knochen, psychosomatische Störungen, Schlafstörungen, Verdauungsbeschwerden, Nervosität, Unausgeglichenheit, Verspannungen, Wetterfühligkeit, um nur einige Beispiele zu nennen, können Sie durch die Trennkost nach Dr. Hay in den Griff bekommen. Eine ausgewogene, natürliche Ernährung liefert die wichtigsten Vitamine, die uns zum Wohlbefinden verhelfen.

Vorbeugen nach Dr. Hay

In frühesten Zeiten war der Mensch eins mit der Natur. Es waren die Zeiten der Jäger und Sammler, die den Menschen zwangsläufig an eine Nahrungstrennung gewöhnten.
Am Morgen zogen die Jäger los und erlegten Tiere, die am Spieß gebraten und anschließend verzehrt wurden. Nachmittags gingen die Frauen zum Sammeln von Kräutern, Beeren und Grünzeug, die es abends zu essen gab. Heutzutage, bedingt durch das Überangebot an Nahrung, halten wir uns an keine natürlichen Gesetze mehr. Im Gegenteil: wir essen zu viel, zu fett, unkontrolliert und nicht nach chemischen Gesetzen. Nach Dr. Hay kann das nicht gut gehen.
Sollten Sie weder Übergewicht, noch erhöhte Blutfett- und Cholesterinwerte haben, können Sie mit der Ernährung nach Dr. Hay dennoch Ihrem Körper eine gute Vorbeugung geben.

TIP

Die Gesundheit ist ein überaus attraktives Gut, das es wert ist, gepflegt zu werden. Behandeln und heilen sind zwar gut, doch am besten ist immer noch vorbeugen.

Vitamine – kleine Wundermittel

Vitamine
- stärken das Immunsystem
- vertreiben Müdigkeit und Angst
- produzieren Glückshormone
- steigern Kreativität und Lebensfreude

Vitamine fördern
- glatte Haut
- starke Nerven
- Konzentration

Vitamine helfen
- gegen Lustlosigkeit
- gegen Depressionen
- gegen vorschnelles Altern

(Fit durch Vitamine, Klaus Oberbeil, Südwest Verlag)

Zurück zur Natur

Grundsätzlich nicht empfehlenswerte Lebensmittel nach Dr. Hay sind alle raffinierten und sterilisierten Lebensmittel sowie alle Fertigprodukte, Brot und Backwaren aus Weißmehl, eingemachtes Obst und Süßigkeiten.

Menschen haben sich seit Jahrtausenden zwangsläufig natürlich ernährt. Erst durch die zunehmende Industrialisierung wurden die Lebensmittel zum Ziel der längeren Lagerung und Haltbarmachung verändert bzw. denaturiert.
Dr. Howard Hay plädiert für das Leben mit der Natur und durch die Natur. Für ihn sind drei wesentliche Ursachen verantwortlich für den Großteil innerer Krankheiten:

- ein zu hoher Konsum von denaturierten und raffinierten Lebensmitteln
- zu hohe Tagesdosen an Eiweiß
- Unverständnis und Ignoranz gegenüber den chemischen Verdauungs- und Umsetzungsprozessen im Körper

Was tun nach Dr. Hay?

- Zurück zur natürlichen Ernährung, möglichst frische Rohprodukte, keine veränderten, konservierten, behandelten und raffinierten Produkte zu sich nehmen.
- Den übermäßigen Konsum von Eiweiß einschränken, denn wir essen weit mehr Eiweiß, als wir benötigen. Das nicht verbrannte Eiweiß im Körper kann belastende Rückstände bilden, die zu verschiedenen inneren Krankheiten führen können.
- Kohlenhydrate und Eiweiß soweit wie möglich trennen.

Was sind denaturierte Lebensmittel?

In dem Wort Denaturierung ist das Wort Natur enthalten, Natur, die verändert worden ist. Das Wort Denaturierung bedeutet sinngemäß »Verfälschung der Natur«.
Übertragen auf die Chemie heißt das, dass die natürlichen Eiweiße beim Erhitzen verändert und wasserunlöslich gemacht werden. Veränderte oder denaturierte Lebensmittel werden also von uns Menschen in einem veränderten Zustand aufgenommen.
Meist meldet sich unser Körper relativ schnell mit Unwohlsein, Übelkeit, Durchfall oder Magendruck, wenn ihm etwas nicht passt. Ursache können zu fette Speisen,

zu stark verarbeitete Lebensmittel oder nicht verträgliche Nahrungskombinationen sein. Doch die Vielzahl der langwierigen und ernsthaften Krankheiten stammt von über Jahre hinweg praktizierten falschen Ernährungsgewohnheiten und ungünstigen Nahrungskombinationen.

Nach Dr. Hay zählen Zucker, Weißmehl, polierter Reis, Konserven und jegliche Art stark verarbeiteter Fertiggerichte zu den denaturierten Nahrungsmitteln. Sie verfügen kaum noch über einen natürlichen Nahrungsgehalt.

Je stärker die Lebensmittel denaturiert wurden, umso mehr sind Vitamine, Ballaststoffe und Mineralstoffe verloren gegangen.

Wohlbefinden durch bewusstes Essen

Sie müssen sich unseren Körper wie eine komplizierte Maschine vorstellen, die nur richtig funktionieren kann, wenn die Ernährung stimmt. Viele Menschen gehen unachtsam mit ihrem Körper um: erste Unpässlichkeiten werden leicht ignoriert, und die Quittung in Form von Krankheiten ist oftmals ein langwieriger Prozess, der erst bemerkt wird, wenn es letztendlich zu spät ist. Bei Übergewicht reagieren die meisten rascher, denn optische Veränderungen sind schneller realisierbar, als schleichende innere Auswirkungen. Die Ernährung bildet das Grundgerüst für unsere Leistungsfähigkeit, für unsere Gesundheit, für unser Wohlbefinden und nicht zuletzt für unsere Verhaltensweisen. Dr. Hay hat das frühzeitig erkannt und gab sein Ernährungskonzept als eine neue, natürliche und vollwertige Ernährungsform weiter.

Die meisten Menschen essen nach Ansicht von Dr. Hay zu viel, zu fett, zu unkontrolliert und nicht nach chemischen Gesetzen.

Die Trennkost unterscheidet

Natürliche Lebensmittel

- Obst
- Gemüse, Salate
- Vollkornprodukte, bei denen das volle Korn mit Stärke, Keimling und Randschichten verarbeitet ist.

Unnatürliche Lebensmittel

- eingemachtes Obst, Gelees, etc.
- veränderte Gemüseprodukte
- Getreideerzeugnisse, die aus Mehl mit niedrigen Ausmahlungsgraden hergestellt wurden

Ernährung nach Dr. Hay

Ernährung nach Dr. Hay heißt, auf Qualität und Quantität der Lebensmittel und deren Nährstoffe zu achten. Das bedeutet, dass grundsätzlich nur natürliche Lebensmittel verzehrt und die Mengen auf fünf Mahlzeiten verteilt werden sollen, unter Berücksichtigung der körperlichen Tätigkeit. Es ist also wichtig, die Energiezufuhr, die Vielseitigkeit, die Auswahl und die Zusammensetzung der Nahrungsmittel an Lebenssituation und Lebensweise anzupassen. Natürliche und schonende Zubereitung der Speisen sind wesentlich, weil sie die Natürlichkeit des Stoffwechselgeschehens unterstützen.

So einfach ist die Trennkost: Sie müssen nur die zwei großen Lebensmittelgruppen aus Kohlenhydraten und Eiweißen innerhalb einer Mahlzeit trennen. Jede dieser Gruppen können Sie mit der Gruppe der neutralen Lebensmittel kombinieren. Bei der Zusammenstellung Ihrer persönlichen Trennkost-Mahlzeit hilft Ihnen die Drehscheibe im hinteren Buchumschlag.

Dr. Hays These

Dr. Hay stellte fest, dass der menschliche Körper Eiweiß und Kohlenhydrate nicht gleichzeitig verdauen kann. Seiner Auffassung nach ist das chemische Gleichgewicht dann nicht mehr gegeben, und es kommt zu einer Übersäuerung im Körper.

Konkret heißt das nach Dr. Hay, dass sich Kohlenhydrate in Form von Vollkornnudeln, Kartoffeln oder Bananen und Eiweiß in Form von Eiern, Quark oder Beerenfrüchten gegenseitig bei der Verdauung behindern. Das im Speichel vorhandene Enzym Ptyalin spaltet bereits beim Kauen der Vollkornnudeln die Kohlenhydrate auf. Dr. Hay war der Auffassung, wenn Sie nun gleichzeitig noch Eier verzehren, würde die Aufspaltung der Kohlenhydrate unterbrochen bzw. durch das Eiweiß gestört.
In Konsequenz kämen die Kohlenhydrate somit zusammen mit dem Eiweiß unverdaut in den Magen. Dort wäre das Eiweiß der stärkere Gegner, und die sauren Magensäfte und das Pepsin würden zunächst das Eiweiß spalten. Die Kohlenhydrate, deren Spaltung im Mund gestört wurde, könnten im Magen nicht verdaut werden. Der unvollständig verdaute Speisebrei würde

vom Magen in den Darm gelangen und sich mit Gärungen, Blähungen und Magenverstimmung »rächen«.

Weniger Säuren – mehr Basen

Dr. Hay warnt vor einer Übersäuerung des Körpers. Nahrungsmittel wie raffinierte Öle und Zucker, polierter Reis, Eiweiß und weißes Mehl sind starke Säurebildner, die den Körper übersäuern können.

Durch das starke Verarbeiten der genannten Nahrungsmittel können viele wertvolle Inhaltsstoffe wie Vitamine, Mineralstoffe und Ballaststoffe verloren gehen. Nach Dr. Hay sollten wir diese Lebensmittel meiden.

Die Hay'sche Trennkost empfiehlt, täglich 20 Prozent Säure bildende natürliche Nahrungsmittel, wie z. B. Brot, Eier und Käse, aufzunehmen. Basen bildende Nahrungsmittel, wie Salate, Früchte und Gemüse, sollten 80 Prozent des täglichen Speisezettels ausfüllen.

20 gute Gründe für die Trennkost nach Dr. Hay

- Hay'sche Trennkost ist keine einseitige Diät, sondern eine Lebenseinstellung
- bewusst und gesund leben
- sich natürlich und gesund ernähren
- sich vollwertig ernähren
- Vitalisierung und gesteigerte Aktivität erzielen
- Leistungsfähigkeit steigern
- fit und belastbar sein
- zu Ausgeglichenheit und Wohlbefinden gelangen
- Wunschgewicht erreichen
- Wunschgewicht halten
- kein Kalorienzählen
- Heißhunger entgegenwirken
- keine Verdauungsbeschwerden mehr haben
- Stoffwechselkrankheiten vorbeugen
- Säuren und Basen im Gleichgewicht halten
- Entsäuerung des Körpers
- den chemischen Prozess im Körper verstehen lernen
- Krankheiten in den Griff bekommen
- problemlos nachzuvollziehen und praktikabel in der Küche
- sich auch außer Haus in Restaurants oder unterwegs ohne Probleme nach Dr. Hay ernähren

Die Trennkost – ein Eldorado für Vegetarier

Vegetarier können sich ausreichend mit allen lebenswichtigen Nährstoffen versorgen, wenn sie ihren Speiseplan sorgfältig und vielseitig gestalten.

Was is(s)t ein Vegetarier?

Laut Statistik gehören die Vegetarier mit etwa drei Prozent zur Minderheit der Bevölkerung, allerdings mit steigender Tendenz. Wer sich für diese Ernährungsform entschieden hat, kann dies aus den verschiedensten Beweggründen getan haben. Der Ursprung kann in gesundheitlichen, ökologischen oder ethischen Gesichtspunkten verankert sein.

Ein Vegetarier isst nicht einfach alles ohne Fleisch, sondern es gibt Unterschiede in der fleischlosen Ernährung.

- Veganer verzehren keine Nahrung tierischen Ursprungs.
- Lakto-Vegetarier essen zur Pflanzennahrung zusätzlich Milchprodukte, aber keine Eier, Fleisch und Fisch.
- Ovo-Vegetarier bereichern ihre Pflanzennahrung nur mit Eiern, aber nicht mit Milchprodukten, Fisch und Fleisch.
- Ovo-Lakto-Vegetarier essen tierische Produkte wie Milch, Milchprodukte und Eier. Sie verzichten auf Fleisch und Fisch.

In Deutschland leben rund vier Millionen Vegetarier. Ein geringer Teil sind Veganer. Neueste Untersuchungen zeigen, dass sie eine Unterversorgung an Vitamin B12 und Eisen riskieren. Sie sollten ihre Blutwerte vom Arzt kontrollieren lassen. Wichtige Vitamin B12- und Eisenquellen sind Leber, Fleisch, Fisch, Milch, Käse und Sauerkraut – überwiegend tierische Produkte, auf die Veganer vollständig verzichten. Sie riskieren eine Unterversorgung.

Im Prinzip ändert sich für Vegetarier mit der Ernährungsweise nach Dr. Hay weniger als für »Mischköstler«.

Sie befolgen den Grundsatz der natürlichen Ernährung, und für sie besteht nach Dr. Hay lediglich die zusätzliche Aufgabe, ihre Lebensmittel zu trennen.

Wie trennen?

Vegetarier haben meistens schon eine Ernährungsumstellung hinter sich, denn die wenigsten sind Vegetarier von Geburt an. Somit wird es Vegetariern vielleicht leichter fallen, ihre Gewohnheiten nach Trennkostrichtlinien umzustellen. Menschen, die ihre Ernährungsgewohnheiten von Kindheit an nicht geändert haben, brauchen unter Umständen etwas länger. Die große Veränderung auf dem täglichen Speisezettel äußert sich in der Form, dass Eiweiß und Kohlenhydrate innerhalb der Mahlzeit getrennt gegessen werden.

TIP

Verwenden Sie am besten frisches Obst und Gemüse aus biologischem Anbau. Es trägt in besonderem Maße zu einer ausreichenden Versorgung unseres Körpers mit Vitaminen und Mineralstoffen bei.

Praktische Vorschläge

Trennungsbeispiele:
- Bratkartoffeln mit Camembert
- Vollkornnudeln mit Tomatensauce
- Obstsalat aus Feigen, Datteln, süßen Äpfeln und Bananen
- Risotto aus Naturreis
- Gemüse mit Tofu
- Exotischer Obstsalat mit Nüssen
- Quarkauflauf mit gemischten Beeren

Vermeiden:
- Tofu und Vollkornnudeln
- Bananen im Milchshake
- Pudding aus Milch und Puddingpulver
- Kartoffeln mit Parmesan

Trennkost oder Trendkost?

In Obst und Gemüse stecken große Portionen Gesundheit. Sie enthalten viele verschiedene Bioaktivstoffe, die Bakterien abtöten, die Blutgerinnung fördern, gegen Arterienverkalkung helfen und vor Krebs schützen können.

Bereits in den 80er Jahren wurden einzelne Trennkost-Kochbücher veröffentlicht. Die Resonanz war verhalten, die Trennkost war anscheinend nicht im Trend der Zeit. Seit einigen Jahren interessieren sich immer mehr Menschen für die Trennkost und leben auch nach ihr. Das könnte daran liegen, dass die Verbraucher kritischer geworden sind, und die Selbsttherapie mit natürlichen Nahrungsmitteln bei Krankheiten oder Übergewicht immer bedeutender wird.

Die Trennkost nach Dr. Hay ist seit über einem halben Jahrhundert bekannt und vielmals publiziert worden. In Deutschland wurde das medizinische Werk von Dr. Hay erstmalig von Ilse Walb ins Deutsche übersetzt, ihr Ehemann Dr. Ludwig Walb brachte das Werk »Die Hay'sche Trenn-Kost« in überarbeiteter und erweiterter Form bereits in den 60er Jahren auf den deutschen Markt. Ein Monumentalwerk, das medizinische und wissenschaftliche Einblicke gewährt und Hintergründe offenbart.

Trennkost als Diät oder auf Dauer?

Wer meint, die Trennkost mal schnell übers Wochenende anzuwenden, um einigen Pfunden den Kampf anzusagen, der wird enttäuscht sein, weil er wichtige Richtlinien der Trennkost nicht kennt. Die Trennkost nach Dr. Hay soll eine langfristige Nahrungsumstellung nach sich ziehen. Sie ist eine Ernährungsform, die im Wesentlichen zurück zur Natur führt. Sie ist gedacht als Prävention gegen Krankheiten, zum Wohlfühlen und zu einer bewussten, gesunden Ernährungsweise. Sollten Sie also die Trennkost zum Abnehmen und zum Gewichthalten gewählt haben, dann müssen Sie Ihrem Körper einige Zeit des Umschaltens zugestehen. Sobald Sie die neue Ernährung akzeptiert haben, d. h. mindestens ein paar Monate danach gelebt haben, werden »kulinarische Ausrutscher« nicht mehr besonders ins Gewicht fallen. Vielmehr gesteht Ihnen ihr Körper die Lust zu, einfach mal hemmungslos und unvernünftig zu schlemmen.

Kalorien und Joule ade ...

Bei der Trennkost nach Dr. Hay lernen Sie, vernünftig, gesund und wohl dosiert zu essen. Reichliche Ballaststoffe in Ihren Eiweiß- und Kohlenhydratmahlzeiten erhöhen so sehr den Sättigungsgrad, dass Sie keinen Heißhunger mehr verspüren. Sobald Sie sich an die Ernährungsumstellung gewöhnt haben, werden sich Ihre Figurprobleme »schmälern«, und nach dem Prinzip der Hay'schen Trennkost wird das Kalorienzählen uninteressant.
Neueste wissenschaftliche Ernährungsstudien haben gezeigt, dass unser »Dickwerden« nicht vom Kalorienzählen abhängt, sondern von der Zusammensetzung unserer Ernährung. Eine ausgewogene Ernährung ist dann gegeben, wenn die »glorreichen Sieben« vertreten sind:

- Getreideerzeugnisse, Brot
- Gemüse, Kartoffeln und Salate
- Früchte
- Getränke (Tee, Wasser)
- Milch und Milchprodukte
- Eier (bei Mischköstlern zusätzlich Fisch und Fleisch)
- Speisefette und Öle

Die empfohlenen sieben Nahrungsmittelgruppen werden nach neuestem Stand in Prozentangaben aufgeschlüsselt. Die tägliche Nahrung sollte im nachstehenden Verhältnis – über den Tag verteilt – verzehrt werden.

- 40 Prozent Kohlenhydrate
- 20 Prozent neutrale Kost (Gemüse)
- 15 Prozent Früchte aus allen drei Gruppen: Kohlenhydrate, neutrale Kost und Eiweiß
- 20 Prozent Milchprodukte aus zwei Gruppen: Eiweiß und neutrale Kost.
- 5 Prozent Fette und Öle aus der Gruppe neutrale Kost.

Wer abnehmen möchte, kann sich bei Gemüse und Salat so richtig austoben. Sie liefern in der Regel so gut wie kein Fett und sind damit sehr kalorienarm. Essen Sie nach Herzenslust; hier brauchen Sie nicht zu bremsen.

Trennen lernen mit Tips und Tricks

Aller Anfang ist bekanntlich schwer. Doch lassen Sie sich Zeit und haben Sie etwas Geduld bei der Ernährungsumstellung. Wer bereits etwas Übung hat, dem gehen alle Trennregeln schnell in Fleisch und Blut über.

Sie ernähren sich gerne vegetarisch oder sind sogar überzeugter Vegetarier, essen bewusst gesund und wollen mit der Trennkost abnehmen oder ihr Gewicht langfristig in Balance halten. Dann lesen Sie weiter.

- Die ersten Wochen Ihrer Ernährungsumstellung sollten Sie mit einer Liste oder unserer Drehscheibe zum Einkaufen gehen, dadurch vermeiden Sie Trennfehler.
- Eine Trennliste an die Kühlschranktür kleben, damit Sie bei Unsicherheiten schnell nachschauen können.
- Stecken Sie sich die Drehscheibe in die Handtasche oder ins Auto. Bei spontanen Einkäufen können Sie schneller nachschauen.
- Verstärkt Märkte wie Bio-, Wochen- oder Bauernmärkte aufsuchen. Beste Qualität wählen, getreu dem Motto Qualität geht vor Quantität.

- Sollte Ihnen die Ernährungsumstellung wider Erwarten schwer fallen, dann gezielt mit viel sportlichem Freizeitprogramm ablenken. Schwimmen, spazieren gehen, Rad fahren oder zur Gymnastik gehen.
- Bei Einladungen, Restaurantbesuchen oder am Arbeitsplatz am besten die Drehscheibe zur Hand haben und das eigene Menü zusammenstellen. Sie werden sehen, dass Ihnen die Zusammenstellung im wahrsten Sinne »in Fleisch und Blut übergeht«.
- Sollten Sie am Anfang unsicher sein, welche Mahlzeiten Sie jetzt wählen dürfen, und Sie haben schon großen Hunger, dann trinken Sie erst einmal ein Glas Mineralwasser. Das dämpft den Hunger und lässt Sie in Ruhe nochmals die Drehscheibe durchsehen.
- Wiederum bei Unsicherheiten erst einmal zur neutralen Kost greifen. Das ist nie verkehrt, denn Salate und Gemüse schmecken immer.
- Zwischen den Mahlzeiten stets eine essensfreie Zeit von etwa drei Stunden lassen. In dieser Zeit viel Mineralwasser oder Tee trinken, um den Darm gut zu reinigen.

• Alkohol ist nicht verboten. Es wird darauf hingewiesen, dass es natürlich besser wäre, keinen zu trinken, aber in Maßen und je nach Gesundheitszustand ist er zu vertreten. Sie sollten es sich zur Gewohnheit machen, nicht täglich alkoholische Getränke zu sich zu nehmen. Ihr Körper sollte einige Tage in der Woche Zeit haben, sich zu regenerieren. Bei Alkoholkonsum ist es empfehlenswert, Bier zu Kohlenhydratmahlzeiten und trockenen Wein oder Sekt zu Eiweißmahlzeiten zu trinken.
• Beim Süßen darauf achten, dass raffinierter Zucker vermieden wird. In Reformhäusern nach Honig und natürlichem Sirup fragen. Süßstoffe oder Zuckeraustauschstoffe sollten Sie nach Möglichkeit meiden, da sie den Körper schnell übersäuern können.
• Milchtrinker müssen sich bei der Hay`schen Trennkost darüber im Klaren sein, dass Milch als Lebensmittel mitgerechnet wird. Als Getränk zwischendurch für den Durst daher nicht verwenden. Beispiel: Zum Frühstück Milch mit Birnen, Äpfeln und Kirschen genießen. Das heißt, neutrale Kost ist mit Eiweiß kombiniert.
• Neutrale Getränke wie Wasser und Tee passen zu jeder Mahlzeit.

Das Wichtigste auf einen Blick

Kohlenhydrate und Eiweiß strikt zu trennen ist nicht möglich. Einige Lebensmittel enthalten sowohl den einen als auch den anderen Nährstoff. Die Hay´sche Trennkost beruht auf einer überwiegenden Trennung beider Stoffe.

Alle Salat- und die meisten Gemüsesorten zählen zur neutralen Gruppe der Lebensmittel und können zu allen Gerichten beliebig kombiniert werden. Ein neutraler Salat lässt sich schnell aus einem Joghurtdressing mit gehackten Kräutern zubereiten.

Das Ernährungsprinzip

FRÜHSTÜCK: entweder ein Kohlenhydrat- oder ein Eiweißfrühstück. Jedoch pro Woche nicht mehr als drei Eiweißfrühstücke.
MITTAGESSEN: sollte grundsätzlich aus einer Eiweißmahlzeit bestehen, da mittags das Eiweiß besser verdaut werden kann. Gegen gelegentliches Austauschen mit der Abendmahlzeit ist nichts einzuwenden.
ABENDESSEN: sollte grundsätzlich aus einer Kohlenhydratmahlzeit bestehen.
ZWISCHENMAHLZEITEN: Sie sollten sich angewöhnen, für den kleinen Hunger zwischendurch Obst oder Gemüse zu knabbern. Das könnten z. B. ein Apfel, eine Banane oder Möhrenschnitze sein.

Langsamer Einstieg

Sollten Ihnen die Entschlackungs- beziehungsweise Umschalttage nicht zusagen, beginnen Sie gleich mit der Trennkost. Die Umstellungstage sind kein Muss, sondern eine Empfehlung, die Ihnen den Einstieg in die neue Ernährungsform erleichtern kann.

Tage zum Umschalten

Unser Körper braucht einige Tage, um sich auf die neue Ernährungsform richtig um- und einzustellen. Sie sollten daher Ihrem Körper den richtigen Start in Form von ein bis zwei Tagen zum Umschalten ermöglichen:
Am besten eignen sich dazu so genannte Entschlackungstage, die den Darm reinigen und den Körper entlasten. Wählen Sie daher entspannungsreiche Tage wie ein Wochenende oder die Urlaubszeit, die entsprechend Zeit und Muße für Psyche und Soma (Körper) geben.
Ihren persönlichen Entschlackungstag können Sie anhand der vier Beispiele auswählen:

Fasttag

Den ganzen Tag über verteilt mindestens 2 l Wasser, Kräuter- und Früchtetees trinken.

Reistag

Kochen Sie 200 Gramm Naturreis ohne Salz, und verteilen Sie ihn auf fünf Portionen. Je nach Geschmack können Sie ihn mit ungesüßtem Apfelmus oder frischen Kräutern genießen.

Obsttag

Während des ganzen Tages etwa 1 Kilogramm Obst essen. Alle Früchte können Sie wählen – außer Bananen. Dazu reichlich Tee und Wasser trinken.

Kartoffeltag

Kochen Sie 1 Kilogramm Kartoffeln mit Schale mit 1 Teelöffel Kümmel und einigen Petersilienstängeln. Die gekochten Kartoffeln über den Tag verteilt mit frischen Kräutern essen. Vorsicht: kein Salz verwenden.

Bewusste Ernährung kann viel erreichen

Zu lange haben wir uns gewehrt, Krankheiten auf ernährungsbedingte Gewohnheiten zurückzuführen und anzuerkennnen. Sei es aus Bequemlichkeit, seine Ernährungsgewohnheiten möglicherweise ändern zu müssen, oder aus purer Unwissenheit bzw. fehlender Information, medizinische Zusammenhänge in Betracht zu ziehen. Mittlerweile, dank einer umfassenden Aufklärung von Medizinern und Ernährungswissenschaftlern, werden dem »aufklärungsbedürftigen Verbraucher« in zahlreichen Büchern und Veröffentlichungen die Bestandteile und Zusammenhänge unserer Nahrung in verständlicher Weise nahe gebracht. Wir können heutzutage eine große Zahl von Krankheiten wie beispielsweise Allergien auf Nahrungsmittel, Gicht, Rheuma oder Stoffwechselkrankheiten durch Selbsttherapie in den Griff bekommen. Eine ärztliche Betreuung sollte jedoch bei Bedarf in Anspruch genommen werden.

Jetzt geht`s aber richtig los

Nach all der Einführung ist es jetzt Zeit, dass Sie die Theorie in die Praxis umsetzen. Hier noch einige letzte Tips, die den Start erleichtern:

- Alle Rezepte sind für vier Personen vorgesehen. Abweichende Mengen sind angegeben.
- Die Zutatenmengen beziehen sich immer auf die gekaufte, ungeputzte Rohware.
- Die Zubereitungszeiten beziehen sich auf den gesamten Zeitaufwand.
- Lieber fünf kleine als drei große Mahlzeiten zu sich nehmen.
- Daran denken, dass die Mahlzeiten aus bis zu 80 Prozent Basen bildenden und 20 Prozent Säure bildenden Lebensmitteln bestehen sollen.
- Sparsam mit Fett umgehen.
- Kochen Sie ruhig wie gewohnt für Ihre Familie, und stellen Sie sich Ihre Trennkost-Mahlzeit aus denselben Zutaten zusammen. Es kann durchaus sein, dass gar niemand bemerkt, dass Sie anders essen ... und dabei noch Gewicht verlieren.
- Werden Sie zum Genießer, der bewusst, mit allen Sinnen seinem Essen frönt. Sie werden bemerken, dass ihre Geschmacksnerven erfreulich sensibilisiert werden.

TIP

Falls Sie als Umschalttag einen Fasttag wählen, sollten Sie bedenken, dass Konzentration und Reaktionsfähigkeit stark eingeschränkt sein können, der Kreislauf labil ist und Sie empfindsamer sind als an anderen Tagen.

Ab morgen beginnt eine neue Ernährung

TIP

Innerhalb einer Kohlenhydratmahlzeit sollten Sie verschiedene Stärkearten nicht mischen. Das bedeutet, Vollkornreis, Kartoffeln oder Vollkornnudeln nicht in einer Mahlzeit essen, sondern zeitlich versetzt.

Sicherlich sind Sie schon sehr darauf gespannt, wie sich die Ernährungsumstellung auf Ihr Wohlbefinden auswirkt. Bitte erwarten Sie nicht innerhalb von einigen Tagen ein großes Wunder. Vielmehr sollten Sie sich und Ihrem Körper genügend Zeit geben, um »Altlasten« wie falsche Ernährungsgewohnheiten langsam abzustreifen. Die Erfahrung zeigt immer wieder, dass nur Beständigkeit und Ernsthaftigkeit zum Ziel führen. Wir möchten Ihnen die Einführung in die Trennkost für die tägliche Anwendung so leicht wie möglich machen und versuchen, Unsicherheiten schon im Vorfeld zu klären. Dazu haben wir die meistgestellten Fragen zur Trennkost zusammengestellt:

1. Ich habe bei einer Party hemmungslos geschlemmt ohne Rücksicht auf das Kredo von Dr. Hay. Was soll ich tun?

Gar nichts, denn bei einer regelmäßig angewandten Trennkost verzeiht der Körper gelegentliche Ausrutscher.

2. Wie lange sollte der zeitliche Abstand zwischen den Mahlzeiten sein?

Etwa 3 bis 4 Stunden.
Zum Beispiel:
Frühstück um 7 Uhr
Zwischenmahlzeit um 10 Uhr
Mittagessen um 13 Uhr
Zwischenmahlzeit um 16 Uhr
Abendessen um 19 Uhr

3. Darf ich den ganzen Tag Kaffee trinken?

Kaffee besteht weder aus dem Grundprodukt Kohlenhydrat noch Eiweiß. Folglich muss er der neutralen Gruppe zugeordnet werden. Laut Dr. Hay sollte man auf Kaffee verzichten. Gleichzeitig schränkt er ein, dass diejenigen, die auf Kaffee nicht verzichten möchten, einen Schuss Sahne zugeben sollen. Das macht Kaffee magenfreundlicher.

4. Ich möchte mich nach der Trennkost ernähren, aber meine Familie nicht. Wie geht das ?
Ganz einfach in der Form, dass Sie grundsätzlich nach der Trennkost kochen, aber ihrer Familie zusätzliche Beilagen oder Zutaten anbieten.
Beispiel:
Zu Mittag eine Eiweißmahlzeit, wie Blattspinat mit Emmentaler überbacken für sich zubereiten. Für die Familie Bratkartoffeln dazu servieren. Zum Abendessen: Pizza mit Gemüse und einen gemischten Salat für Sie selbst zubereiten. Für die Familie die Pizza zusätzlich mit Wurst, Fisch oder Geflügel belegen.

5. Was sind leicht verdauliche Lebensmittel in der vegetarischen Küche?
Sellerie, Spargel, Spinat, Teigwaren aus Vollkornmehl, reife Birnen.

6. Welche Lebensmittel in der vegetarischen Küche sind schwer verdaulich?
Alle Sorten Pilze, Nüsse, hart gekochte Eier, Steinobst, Sauerkraut.

7. Welche körperlichen Anzeichen treten bei der Ernährungsumstellung auf?
a) Es könnte in den ersten Wochen in Ihrem Bauch stärker rumoren in Form von Blähungen und Völlegefühl. Das ist ein ganz normaler Vorgang, denn Ihr Darm muss sich umstellen.
b) Nach einigen Wochen fühlen Sie sich leistungsfähiger und aktiver.

8. Ich esse tagsüber in der Kantine und nehme mir ein bis zwei Zwischenmahlzeiten mit. Was kann ich bedenkenlos essen?
Rohkost. Packen Sie sich ein paar Radieschen, Möhren, Gurken und/oder Staudensellerie ein.

Mit Kochsalz sollten Sie sparsam umgehen, weil ein hoher Konsum zu Bluthochdruck führen kann. Wenn Sie Speisen salzen, verwenden Sie am besten Kräuter- oder Selleriesalz.

Optimale Nahrungszusammenstellung

Starke Säurebildner: Eier, Käse, Weißmehl, Alkohol, Süßwaren, Kaffee
Schwache Säurebildner: Sahne, Quark, Nüsse und Vollkornprodukte
Starke Basenbildner: frisches Obst, Kartoffeln, Blattsalate und Gemüse
Schwache Basenbildner: Rohmilch, Pilze und Trockenobst
Wichtig: Den Körper vor Übersäuerung schützen. 80 Prozent Basen bildende und 20 Prozent Säure bildende Nahrungsmittel zu sich nehmen.

Trennkost in Kürze

TIP

Bevorzugen Sie kaltgepresste Öle, essen Sie höchstens drei Eier pro Woche und verzichten Sie weitgehend auf Alkohol.

Regeln nach Dr. Hay

- Zum Frühstück am besten eine Kohlenhydratmahlzeit wählen.
- Vormittags und nachmittags je eine Zwischenmahlzeit.
- Zum Mittagessen eine Eiweißmahlzeit, weil es abends schlechter verdaut wird.
- Zum Abendessen vorzugsweise eine Kohlenhydratmahlzeit wählen.
- Bei großem Hunger Rohkost knabbern.

Wochenplan für Anfänger

Bevor Sie mit der Trennkost starten, sollten Sie zwei Umschalttage, am besten fürs Wochenende, einplanen. Anschließend mit der Trennkost beginnen.
Nachfolgend ein Wochenvorschlag, damit Ihnen die Umstellung und der Anfang leichter fallen. Die Größe und die Menge der Mahlzeiten sind Vorschläge. Sollten Sie zwischen den Mahlzeiten Hunger haben – was sehr unwahrscheinlich ist: Knabbern von Rohkost ist immer zu empfehlen.

Viel trinken

Getränke spielen hier eine wichtige Rolle. Besonders zu empfehlen sind

- zum Frühstück:
Früchte- und Kräutertees
- zu den Zwischenmahlzeiten:
Wasser, Früchte- und Kräutertees
- zu einem eiweißreichen Essen:
Früchte- und Kräutertees, Wasser, Weißwein, Sekt, Champagner in mäßiger Menge, Apfelsaft oder Gemüsesäfte
- zu einem kohlenhydratreichen Essen:
Wasser, Früchte- und Kräutertees, Rotwein und Bier in mäßiger Menge

1. Umschalttag

Fasttag, Reistag, Obsttag oder Kartoffeltag

2. Umschalttag

Fasttag, Reistag, Obsttag oder Kartoffeltag
An den Umschalttagen sollten Sie besonders viel trinken, mindestens zwei Liter.
Das entlastet die Nieren.

1. Trennkosttag
FRÜHSTÜCK
Vollkornbrötchen mit Hüttenkäse
ZWISCHENMAHLZEIT
1 Vollmilchjoghurt
MITTAGESSEN
Gebackene Zucchini auf Tomatenragout
ZWISCHENMAHLZEIT
Eine Portion Vollkornkuchen mit Schlagsahne
ABENDESSEN
Semmelknödel mit Petersilienrahm

2. Trennkosttag
FRÜHSTÜCK
Käsesticks mit Kräuterjoghurt
ZWISCHENMAHLZEIT
Reiswaffeln aus dem Reformhaus
MITTAGESSEN
Gemüseplätzchen mit Käsesauce
ZWISCHENMAHLZEIT
1 Banane
ABENDESSEN
Weizenpfanne mit Gemüse

3. Trennkosttag
FRÜHSTÜCK
Überbackenes Omelette
ZWISCHENMAHLZEIT
1 mürber Apfel
MITTAGESSEN
Kürbisauflauf mit Gorgonzola
ZWISCHENMAHLZEIT
200 ml Buttermilch
ABENDESSEN
Vollkornstrudel mit Champignons

4. Trennkosttag
FRÜHSTÜCK
Vollkornbrot mit Camembert
ZWISCHENMAHLZEIT
1 Orange oder 2 Kiwis
MITTAGESSEN
Karottenrahmsuppe mit Sesam
ZWISCHENMAHLZEIT
200 ml Kefir
ABENDESSEN
Spaghetti mit Tomatensauce

5. Trennkosttag
FRÜHSTÜCK
Spiegeleier »Turn over«
ZWISCHENMAHLZEIT
150 g Quark mit Nüssen
MITTAGESSEN
Ratatouille mit Camembert
ZWISCHENMAHLZEIT
2 Scheiben Vollkornknäckebrot
ABENDESSEN
Getreidebraten mit Salbeisauce

TIP

Essen Sie vor jedem eiweiß- oder kohlenhydratreichen Essen einen neutralen großen, gemischten Salat mit Joghurtdressing und frisch gehackten Kräutern.

Das richtige Gericht für welchen Vegetariertyp?

Ovo-lakto-Vegetarier: verzichten lediglich auf Fleisch und Fisch

Lakto-Vegetarier: verzichten auf Fleisch, Fisch und Eier

Veganer: verzichten auf alle tierischen Produkte

Nur für Ovo-lakto-Vegetarier:

Bauernfrühstück 80

Chicoréeauflauf 68

Falscher Hase vegetarisch 112

Gebackene Zucchini auf Tomatenragout 45

Gemüsegratin mit Pinienkernen 67

Gemüseplätzchen mit Käsesauce 63

Gratinierte Makkaroni 122

Grüner Nudelauflauf 119

Hafergratin mit Mozzarella 110

Heißes Sonntagsfrühstück 82

Herzhafter Kürbisauflauf 71

Käse-schlemmerei 79

Kartoffel-Gemüse-steaks 99

Knuspriger Sellerie mit Dip 87

Lauchkuchen mit Comté 98

Pfifferlingrahm mit Röstschnitten 103

Quarktörtchen mit Sojabohnen-keimlingen 54

Rahmspinat mit Käseschnee 66

Rösti mit Champignonsahne 102

Semmelknödel mit Petersilienrahm 104

Spiegeleier »Turn over« 38

Süßkartoffelauflauf 95

Tofuplätzchen mit Oreganopaste 72

Überbackene Hirse mit Joghurt 111

Überbackener Rosenkohl mit Salbei 70

Überbackenes Omelette 38

Vollkornstrudel mit Champignons 100

Zucchiniauflauf mit Grünkern 96

Für Ovo-lakto- und Lakto-Vegetarier:

Asiatisches Gemüsecurry 64

Auberginenmus mit Sellerie 50

Bananen-crème 78

Beerenquark 36

Bratkartoffeln mit Edelpilzkäse 92

Quarkplätzchen mit Tomaten 78

Buntes Käsefondue 85

Erdbeerquark 40

Fruchtjoghurt 37

Gebratenes Gemüse mit Kräuterquark 88

Gefüllte Strauchtomaten mit Frischkäse 42

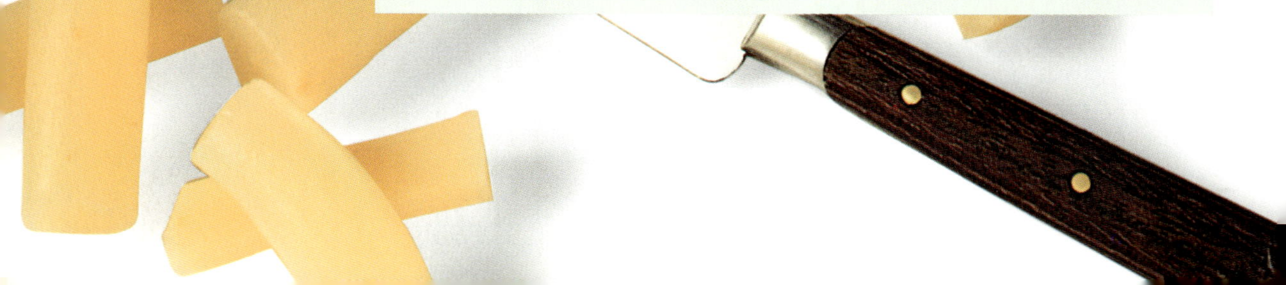

Für Ovo-lakto-, Lakto-Vegetarier und Veganer:

TIP

Grundsätzlich alle Rezepte in diesem Buch sind für Ovo-lakto-Vegetarier geeignet. Wer eine strengere vegetarische Form praktiziert, kann aus den anderen Spalten sein Gericht heraussuchen.

Eiweißreich genießen

Frühstücke und Snacks

Nach Dr. Hay empfiehlt es sich, den Tag am besten mit Früchten zu beginnen. Natürlich steht einem Kohlenhydratfrühstück auch nichts entgegen, insbesondere wenn Sie auf Ihr gewohntes Frühstücksbrot für einen guten Start nicht verzichten können. Doch bedenken Sie, dass Früchte wahre Vitaminbomben sind, die viel Energie freisetzen. Passen Sie bei der Fruchtzusammenstellung auf: Inner-halb einer eiweißreichen Mahlzeit dürfen Sie alle Obstsorten wählen. Ausnahmen: Bananen und mürbe Äpfel.

Für Menschen mit Verdauungsproblemen, Magendrücken oder Völlegefühl ist ein eiweißreiches Frühstück auf alle Fälle zu empfehlen. Versuchen Sie, keinen Kaffee oder schwarzen Tee zu trinken, sondern Früchte- und milde Kräutertees.

Manche Menschen schwören sogar darauf, nach dem Aufstehen erst einmal ein Glas lauwarmes Wasser zu trinken. Es kann Verdauungsprobleme lösen oder bei Müdigkeit für einen klaren Kopf sorgen. Mein persönlicher Vorschlag ist: 1/4 Liter lauwarmes Wasser nach dem Aufstehen, zum Frühstück Tee und ein Glas frisch gepresster Saft. Dazu wirkt ein Milchprodukt mit Früchten als wahrer Muntermacher. Die Zwischenmahlzeit etwa drei Stunden später kann dann wegen des höheren Sättigungsgrades eine Kohlenhydratmahlzeit sein.

Früchte sind bis auf wenige Ausnahmen kalorienarm. Dafür liefern sie aber große Mengen Vitamine und Mineralstoffe. Sie sind ideal für einen schwungvollen Start in den Tag.

Beerenquark

Für 1 Portion

100 g Erdbeeren
100 g Himbeeren
1 TL Birnendicksaft
150 g Sahnequark

Zubereitungszeit 10 Minuten

❶ Die Erdbeeren und Himbeeren entstielen, waschen und trocken tupfen. Die Erdbeeren vierteln.

❷ Früchte, Birnendicksaft und Sahnequark locker miteinander verrühren.

► **Pro Portion**
1329/318 kJ/kcal • 19 g Eiweiß
17 g Fett • 9 g Ballaststoffe
56 mg Cholesterin

Früchteteller

Für 1 Portion

150 g Weintrauben
1 frische, saftige Mango

Zubereitungszeit 10 Minuten

Als Getränk passen eine Tasse Milch, Früchtetee oder ein Glas frisch gepresster Orangensaft.

❶ Die Weintrauben entstielen, waschen und mit Küchenkrepp abtupfen.

❷ Die Mango schälen und das Fruchtfleisch vom Kern lösen.

❸ Weintrauben und Mangoscheiben auf einem Teller anrichten.

► **Pro Portion**
1054/252 kJ/kcal • 2 g Eiweiß
1 g Fett • 5 g Ballaststoffe
0 mg Cholesterin

Fruchtjoghurt

Für 1 Portion

- 1 Birne
- 1 TL Zitronensaft
- 1 TL Frutilose
- 1 Papaya
- 150 g Vollmilchjoghurt
- 1 EL Mandelstifte

Zubereitungszeit 10 Minuten

❶ Die Birne waschen, schälen, entkernen und in feine Würfel schneiden. Den Zitronensaft darüber träufeln, damit die Birnen nicht braun werden. Die Frutilose darunter mischen.

❷ Die Papaya schälen, der Länge nach halbieren, entkernen und in kleine Würfel schneiden.

❸ Die vorbereiteten Zutaten locker mit dem Joghurt vermengen und in eine Dessertschale geben. Mit Mandelstiften garnieren.

► **Pro Portion**

1317/315 kJ/kcal • 9 g Eiweiß
12 g Fett • 9 g Ballaststoffe
18 mg Cholesterin

Frutilose ist ein eingedampfter Obstdicksaft, der sich gut zum Süßen eignet. Alternativen sind Honig oder Birnensaft.

TIP

Wenn Sie den Käse fein würfeln, über die gestockte Eiermischung streuen und für einige Minuten den Pfannendeckel schließen, können Sie sich das Überbacken im Ofen sparen.

Das überbackene Omelette ist ein schnelles und preiswertes Gericht. Schnittlauch und ein würziger Käse geben ihm ein kräftiges Aroma (Seite 39).

Überbackenes Omelette

Für 1 Portion

- 1/2 Bund Schnittlauch
- 2 Eier
- Meersalz
- frisch gemahlener Pfeffer
- 20 g Butter
- 2 Scheiben Emmentaler

Zubereitungszeit 5 Minuten

❶ Den Backofen auf 180 °C mit Grillstufe (Umluft 160 °C, Gas Stufe 2–3) vorheizen. Den Schnittlauch waschen, in Röllchen schneiden. Zusammen mit den Eiern, dem Meersalz und dem Pfeffer verquirlen.

❷ In einer Pfanne die Butter erhitzen, Eiermischung hineingießen.

❸ Die Eiermischung kurz stocken lassen und mit einem Pfannenwender auf eine Seite klappen. Dabei die Pfanne schräg halten, damit ein Omelette entstehen kann.

❹ Das Omelette mit Käse belegen und die Pfanne in den Backofen schieben. 5 Minuten überbacken und sofort servieren.

► Pro Portion

2187/532 kJ/kcal • 27 g Eiweiß
42 g Fett • 0 g Ballaststoffe
565 mg Cholesterin

Spiegeleier »Turn over«

Für 1 Portion

- 1/2 Bund Schnittlauch
- 50 g saure Sahne
- 25 g Butter
- 2 Eier
- Meersalz
- frisch gemahlener Pfeffer
- edelsüßes Paprikapulver

Zubereitungszeit 10 Minuten

❶ Den Schnittlauch waschen, in Röllchen schneiden und mit der sauren Sahne vermengen.

❷ In einer Pfanne die Butter erhitzen. Die Eier einzeln einschlagen und in einigen Minuten zu Spiegeleiern braten. Mit Salz und Pfeffer würzen.

❸ Mit einem Pfannenwender die Spiegeleier wenden und auf der Eigelbseite weitere 2 Minuten durchbraten.

❹ Die Eier auf einen vorgewärmten Teller geben und die Schnittlauchsahne darüber geben. Mit Paprikapulver bestäuben.

► Pro Portion

1902/455 kJ/kcal • 17 g Eiweiß
39 g Fett • 0 g Ballaststoffe
559 mg Cholesterin

Roter Kefir

Für 1 Portion

150 g gemischte rote Beeren (Himbeeren, Erdbeeren, auch Tiefkühlmischung)

1 EL Frutilose

200 g Kefir

TIP

Wenn Sie Früchte der Saison wählen, schmecken Kefir und Quark noch aromatischer.

Die Beeren, die Frutilose und den Kefir zusammen im Mixer pürieren und kräftig aufschlagen. In ein hohes Glas füllen.

► **Pro Portion**

1045/250 kJ/kcal • 9 g Eiweiß
8 g Fett • 11 g Ballaststoffe
29 mg Cholesterin

Erdbeerquark

Für 1 Portion

200 g Erdbeeren

100 g Sahnequark

50 g Sahne

1 EL Honig

frische Melisseblätter

Zubereitungszeit 10 Minuten

❶ Die Erdbeeren entstielen, waschen und je nach Größe vierteln oder halbieren.

❷ Erdbeeren, Sahnequark, Sahne und Honig im Küchenmixer fein pürieren.

❸ In einer Dessertschale anrichten und mit Melisseblättern garnieren.

► **Pro Portion**

1810/433 kJ/kcal
14 g Eiweiß
27 g Fett
5 g Ballaststoffe
92 mg Cholesterin

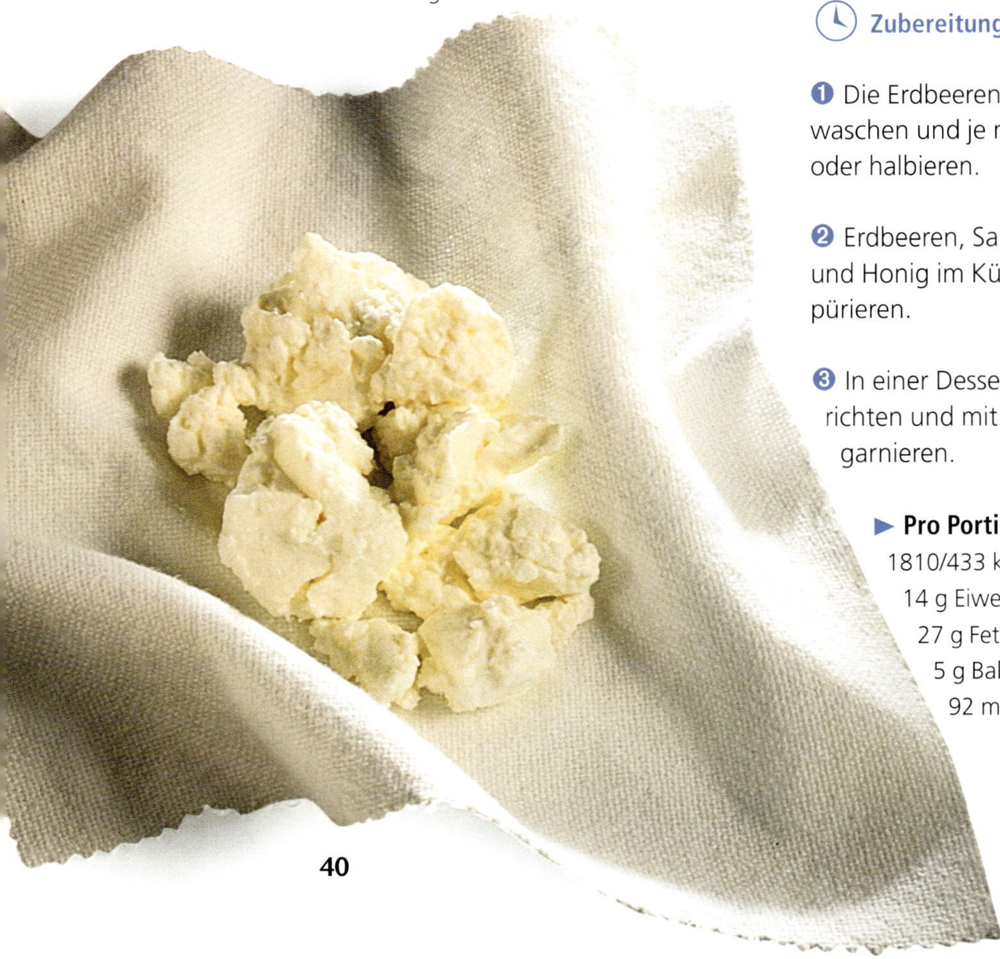

Sahnequark mit Kirschen

Für 1 Portion

150 g Kirschen
200 g Sahnequark (oder 150 g Quark, 20 % Fett i.Tr. ,50 g Sahne)
1 EL Birnendicksaft

Zubereitungszeit 10 Minuten

Die Kirschen waschen, entsteinen und halbieren. Zusammen mit dem Sahnequark und dem Birnendicksaft verrühren.

► **Pro Portion**
1760/421 kJ/kcal • 23 g Eiweiß
23 g Fett • 2 g Ballaststoffe
74 mg Cholesterin

Hüttenkäse karibisch

Für 1 Portion

200 g süße Ananas
1 EL Honig, Zimt
200 g Hüttenkäse
50 g Kokosraspeln

Zubereitungszeit 10 Minuten

❶ Die Ananas schälen und das Fruchtfleisch in kleine Ecken schneiden. Mit Honig und dem Hüttenkäse locker vermengen.

❷ Die Käsemischung in eine Müslischüssel füllen. Großzügig mit Kokosraspeln und Zimt bestreuen.

► **Pro Portion**
2387/571 kJ/kcal • 31 g Eiweiß
26 g Fett • 8 g Ballaststoffe
28 mg Cholesterin

Die Ananas ist durch ihren hohen Gehalt an dem Enzym Bromelain ein wertvoller Helfer im Eiweißhaushalt. Die Inhaltsstoffe der südlichen Frucht helfen darüber hinaus bei Darmstörungen und Durchfall und entwässern den Körper.

Käsesticks mit Kräuterjoghurt

Kräutersalz ist eine Mischung aus Kochsalz und fein gemahlenen Kräutern. Damit bekommen Speisen einen würzigen, aber nicht salzigen Geschmack.

Für 1 Portion
- 1/2 Bund Schnittlauch
- einige Stängel glatte Petersilie
- 100 g Vollmilchjoghurt
- Kräutersalz
- 1 TL Zitronensaft
- 100 g Schnittkäse wie Emmentaler, Gouda oder Edamer

Zubereitungszeit 10 Minuten

1. Den Schnittlauch waschen und in Röllchen schneiden. Die Petersilie waschen und fein hacken.

2. Joghurt mit Kräutern, Kräutersalz und Zitronensaft verrühren.

3. Den Käse in handliche Sticks schneiden. Auf einem Teller anrichten und den Joghurt dazu reichen.

Pro Portion
2030/485 kJ/kcal • 34 g Eiweiß
34 g Fett • 0 g Ballaststoffe
100 mg Cholesterin

Die Käsesticks mit Kräuterjoghurt sind ideal zum Knabbern nebenbei und eine echte Alternative zu salzigen Nüssen und Chips (Seite 43).

TIP

Sie können das Rezept leicht in eine Kohlenhydratmahlzeit umwandeln. Wählen Sie dann Käse mit mindestens 60 % Fett i. Tr.

Gefüllte Strauchtomaten mit Frischkäse

Für 1 Portion
- 200 g Strauchtomaten
- 1 EL Pinienkerne
- 100 g Frischkäse
- 2 EL süße Sahne
- Kräutersalz
- frisch gemahlener Pfeffer
- frische Oreganoblättchen

Zubereitungszeit 15 Minuten

1. Die Tomaten waschen, den Stielansatz großzügig ausschneiden und das Innere mit einem scharfkantigen Teelöffel aushöhlen. Die Pinienkerne nach Belieben hacken.

2. Den Frischkäse in eine kleine Schüssel geben und mit Sahne und Pinienkernen verrühren. Nach Belieben mit Kräutersalz und frisch gemahlenem Pfeffer abschmecken.

3. Die Tomaten mit der Creme füllen.

4. Die Oreganoblättchen waschen, trocknen und als Abschluss auf die Tomaten legen.

Pro Portion
1446/346 kJ/kcal • 16 g Eiweiß
25 g Fett • 4 g Ballaststoffe
70 mg Cholesterin

Hauptgerichte

Gebackene Zucchini auf Tomatenragout

Für 4 Portionen

1 Zwiebel
1 Knoblauchzehe
5 große Fleischtomaten
50 g schwarze Oliven
frische Basilikumblättchen
5 EL Olivenöl
Kräutersalz
frisch gemahlener Pfeffer
2 große Zucchini
3 Eier
5 EL Milch oder Wasser
3 EL Olivenöl

Zubereitungszeit 40 Minuten

❶ Die Zwiebel und die Knoblauchzehe abziehen und klein würfeln. Die Fleischtomaten waschen und kreuzweise einschneiden. Mit kochendem Wasser überbrühen und die Haut abziehen.

❷ Die Tomaten in kleine Stücke schneiden. Die Oliven halbieren und entsteinen. Die Basilikumblättchen waschen, trockentupfen und grob zerschneiden.

❸ Das Olivenöl in einem breiten Topf erhitzen. Die Zwiebel- und Knoblauchwürfel darin glasig dünsten. Die Tomatenstücke und die Olivenhälften hinzufügen und etwa 5 Minuten dünsten.

❹ Das Tomatenragout mit Kräutersalz und Pfeffer würzen und bei kleiner Hitze weitere 10 Minuten leicht schmoren lassen.

❺ In der Zwischenzeit die Zucchini waschen, Stielenden entfernen und in etwa 1/2 Zentineter dicke Scheiben schneiden. Mit Kräutersalz und Pfeffer würzen.

❻ Die Eier mit der Milch oder dem Wasser verrühren. Das Olivenöl in einer Pfanne erhitzen. Die Zucchinischeiben durch die Eier ziehen und im Öl auf beiden Seiten braten.

❼ Das Basilikum in das Tomatenragout geben und dieses auf vier vorgewärmte, tiefe Teller verteilen. Darauf die Zucchinischeiben geben.

► **Pro Portion**

1612/385 kJ/kcal • 13 g Eiweiß
28 g Fett • 9 g Ballaststoffe
181 mg Cholesterin

TIP

Basilikum darf erst am Ende der Kochzeit zugegeben werden. Wird es zu stark erhitzt, bekommt es einen bitteren Geschmack. Sein pfeffrig-würziges Aroma passt zu Tomaten, Mozzarella oder Olivenöl.

Die Heimat der Zucchini ist der gesamte sonnige Mittelmeerraum und reicht von Griechenland über die Türkei, Zypern, Spanien und Italien bis nach Frankreich. Inzwischen ist der Gemüsekürbis bei uns so beliebt geworden, dass er auch im heimischen Anbau kultiviert wird.

Spanische kalte Gemüsesuppe

Gazpacho

Zu dieser feinen Suppe können Sie zusätzlich pochierte Eier als Einlage reichen. Dazu Salzwasser mit etwas Essig aufkochen. Die Eier einzeln in eine Kelle schlagen und in das kochende Wasser tauchen. Sobald sich das Eiweiß um das Eigelb legt, sind die Eier fertig.

Für 4 Portionen

- 1 grüne Paprikaschote
- 1 rote Paprikaschote
- 3 Fleischtomaten
- 1 Zwiebel
- 1 Knoblauchzehe
- 1 kleine Salatgurke
- 4 EL Olivenöl, 1 Schuss Essig
- Meersalz
- frisch gemahlener Pfeffer
- frisch gehackte Zwiebelwürfel
- frisch gehackte Petersilie

Zubereitungszeit 30 Minuten
Kühlzeit 2 Stunden

❶ Die Paprikaschoten waschen, vierteln, entkernen und in kleine Stücke schneiden. Die Fleischtomaten waschen und kreuzweise einschneiden. Mit kochendem Wasser überbrühen, häuten und in kleine Stücke schneiden.

❷ Die Zwiebel und die Knoblauchzehe abziehen und würfeln. Die Salatgurke waschen, schälen, längs halbieren und in kleine Stücke schneiden.

❸ Alle vorbereiteten Zutaten zusammen mit dem Olivenöl, einem Schuss Essig und 1/2 Liter Wasser auf höchster Stufe in einem Küchenmixer pürieren.

❹ Die Suppe mit Meersalz und Pfeffer abschmecken. Mit Klarsichtfolie abdecken und etwa 2 Stunden in den Kühlschrank stellen. Mit Petersilie und Zwiebelwürfeln verrühren und eiskalt servieren.

▶ **Pro Portion**
650/155 kJ/kcal • 3 g Eiweiß
11 g Fett • 6 g Ballaststoffe
0 mg Cholesterin

❶ Das Kürbisfleisch von Kernen und Schale befreien. Das Fruchtfleisch klein schneiden. Die Zwiebel abziehen und würfeln.

❷ In einem Topf die Butter erhitzen. Die Zwiebelwürfel darin unter Rühren glasig dünsten.

❸ Die Kürbisstücke hinzufügen und 5 Minuten mitdünsten. Frutilose, Milch und Sahne einrühren.

❹ Nach dem ersten Aufkochen die Suppe würzen und etwa 20 Minuten bei mittlerer Hitze kochen, dann mit einem Mixstab fein pürieren. Nochmals abschmecken. Den Käse fein reiben. Mit je einem Klecks saurer Sahne und Käsespänen garnieren.

Kürbis enthält extrem viel Beta-Karotin, vier verschiedene Vitamine aus der B-Gruppe, hat ein ausgesprochen günstiges Natrium-Kalium-Verhältnis und ist reich an Magnesium, Kalzium, Eisen, Phosphor und Kieselsäure.

Kürbissuppe mit Käsestreifen

Für 4 Portionen

- 1 kg frisches Kürbisfleisch
- 1 Zwiebel
- 30 g Butter
- 1 TL Frutilose
- 1/2 l Milch
- 200 g süße Sahne
- Kräutersalz
- frisch gemahlener Pfeffer
- 1 Messerspitze Nelkenpulver
- frisch gemahlene Muskatnuss
- 100 g Käse (Edamer, Gouda oder Emmentaler)
- 50 g saure Sahne

Zubereitungszeit 40 Minuten

► **Pro Portion**

1890/452 kJ/kcal • 15 g Eiweiß
34 g Fett • 2 g Ballaststoffe
400 mg Cholesterin

Zwiebelsuppe mit Tofuwürfeln

Zwiebeln enthalten viele schwefelhaltige Verbindungen, die antibakteriell auf die Schleimhäute wirken und diese somit schützen, und Infektionen vorbeugen. Bereits beim Schneiden entfalten die Stoffe ihre Wirkung und desinfizieren die Schleimhäute im Nasen-, Mund- und Rachenraum.

Für 4 Portionen

4 große Zwiebeln
1 Knoblauchzehe
2 EL Olivenöl
60 g Butter
1/8 l trockener Weißwein
1 l Gemüsebrühe
1 TL gerebelter Majoran
Kräutersalz
frisch gemahlener Pfeffer
150 g Tofu
1 Kästchen Kresse
100 g Parmigiano Reggiano

Zubereitungszeit 60 Minuten

❶ Die Zwiebeln abziehen, halbieren und in feine Streifen schneiden. Die Knoblauchzehe abziehen und fein würfeln.

❷ In einem Topf das Olivenöl mit 20 g Butter erhitzen. Den Knoblauch und die Zwiebelstreifen zugeben und etwa 15 Minuten glasig dünsten. Zwischendurch immer wieder mit etwas Weißwein beträufeln.

Zwiebelsuppe einmal ganz anders. Statt Brotwürfeln schmecken hier knusprig gebratene Tofuwürfel (Seite 49).

❸ Die Zwiebeln mit Gemüsebrühe aufgießen und bei mittlerer Hitze etwa 20 Minuten leicht kochen lassen. Die Zwiebelsuppe mit Majoran, Kräutersalz und Pfeffer pikant würzen.

❹ Den Tofu in 1/2 Zentimeter kleine Würfel schneiden. Die Kresse aus dem Kästchen schneiden, waschen und trockentupfen. Den Käse reiben. In einer Pfanne die restliche Butter erhitzen und die Tofuwürfel darin goldgelb anbraten.

❺ Die Kresse und die Tofuwürfel in vier Suppentassen verteilen und mit der Zwiebelsuppe aufgießen. Den Parmigiano Reggiano darüber streuen.

► Pro Portion
1679/402 kJ/kcal • 16 g Eiweiß
27 g Fett • 6 g Ballaststoffe
49 mg Cholesterin

TIP

Die kräftige Zwiebelsuppe lässt sich auf verschiedene Arten abwandeln:

- Füllen Sie die Zwiebelsuppe in feuerfeste Terrinen. Belegen Sie die Suppe mit Mozzarellascheiben und überbacken Sie sie einige Minuten im Ofen.
- Die Zwiebelsuppe schmeckt sehr fein mit einem Schuss Apfelwein (Cidre).
- Als Suppeneinlage eignen sich auch ein paar in Butter gebratene Apfelspalten hervorragend.

Karottenrahmsuppe mit Sesam

Sie können die Karottenrahmsuppe auch mit gerösteten Mandelblättchen, gehackten Haselnüssen, Walnüssen oder geriebenem Käse servieren.

Für 4 Portionen

- 500 g Karotten, 2 Schalotten
- 1/2 Bund glatte Petersilie
- 20 g Butter
- 1 TL Frutilose
- 1/2 l Gemüsebrühe
- Kräutersalz
- frisch gemahlener Pfeffer
- 1 Messerspitze Currypulver
- 100 g Sahne, 50 g Crème fraîche
- 50 g Sesamsamen

Zubereitungszeit 30 Minuten

❶ Die Karotten waschen, schälen und in kleine Würfel schneiden. Die Schalotten abziehen und klein würfeln. Die Petersilie waschen, trockenschwenken und fein wiegen.

❷ Schalottenwürfel in Butter glasig dünsten. Die Karottenstücke hinzufügen und etwa 5 Minuten dünsten lassen.

❸ Die Karotten mit Frutilose verrühren, mit Gemüsebrühe aufgießen und etwa 10 Minuten leicht kochen lassen. Mit Kräutersalz, Pfeffer und Currypulver würzen.

❹ Die Karottensuppe im Mixer oder mit dem Pürierstab fein pürieren. Mit Sahne, Crème fraîche und Petersilie verfeinern. In vorgewärmte Teller verteilen und mit Sesamsamen bestreuen.

► **Pro Portion**
1199/287 kJ/kcal • 5 g Eiweiß
22 g Fett • 6 g Ballaststoffe
43 mg Cholesterin

Auberginenmus mit Sellerie

Für 4 Portionen

- 1 große Aubergine (ca. 500 g)
- 1/2 Bund gemischte Kräuter (Petersilie, Oregano, Dill)
- 4 Stangen Staudensellerie
- 200 g Schafskäse
- 4 Knoblauchzehen
- 2 EL Olivenöl
- Saft von 1 Zitrone
- Kräutersalz
- frisch gemahlener Pfeffer
- 50 g Pinienkerne

Zubereitungszeit 50 Minuten

❶ Die Aubergine waschen, der Länge nach aufschneiden und mit den Schnittflächen auf ein Backblech legen. Mit einer Gabel die Auberginenhälften mehrmals einstechen. So wird die Aubergine schneller weich.

❷ Die Auberginen in den kalten Backofen schieben (mittlere Schiene) und bei 220 °C (Umluft 200 °C, Gas Stufe 4–5) etwa 25 Minuten garen. Die Kräuter waschen, von den Stielen zupfen und fein wiegen. Den Staudensellerie putzen, waschen und in gleichmäßige Stäbe schneiden.

❸ Den Schafskäse grob zerkleinern. Die Knoblauchzehen abziehen und zerdrücken. Die Auberginen aus dem Ofen nehmen, kurz abkühlen lassen und grob zerschneiden.

❹ Alle Zutaten bis auf den Staudensellerie im Küchenmixer fein pürieren. Das Püree in einer Schüssel anrichten und mit Pinienkernen garnieren.

❺ Das Auberginenmus als Dip zu den Selleriestäben servieren. Das Mus schmeckt lauwarm oder kalt.

► Pro Portion

1296/310 kJ/kcal • 15 g Eiweiß
22 g Fett • 4 g Ballaststoffe
30 mg Cholesterin

Gemüsesticks mit Frischkäsedip

Für 4 Portionen

- 2 Stangen Staudensellerie
- 2 große Karotten, 1 Zucchini
- 200 g Champignons
- 1 Fenchel, 1 Kohlrabi
- 1 EL Zitronensaft
- 1/2 Bund gemischte Kräuter
- 1 Schalotte
- 100 g schwarze und grüne Oliven
- 200 g Doppelrahmfrischkäse
- 50 g süße Sahne, Kräutersalz
- frisch gemahlener Pfeffer

Zubereitungszeit 30 Minuten

❶ Das Gemüse waschen, putzen und in mundgerechte Stücke schneiden. Mit Zitronensaft beträufeln. Kräuter waschen und fein hacken. Schalotte abziehen und würfeln.

❷ Gemüse und Oliven auf einer Platte anrichten. Frischkäse, Sahne, Schalotte und Kräuter cremig rühren. Mit Salz und Pfeffer abschmecken.

► Pro Portion

1450/347 kJ/kcal • 13 g Eiweiß
24 g Fett • 10 g Ballaststoffe
65 mg Cholesterin

TIP

Die Rohkostmahlzeit eignet sich hervorragend für einen Tag, an dem die abendliche Kohlenhydratmahlzeit mit der Eiweißmahlzeit vom Mittag getauscht wird.

Mediterraner Salat mit Kräutertofu

Distelöl ist ein sehr hochwertiges Speiseöl, weil es große Mengen lebensnotwendiger Fettsäuren enthält. Da sie der menschliche Körper nicht selbst aufbauen kann, ist er auf die Zufuhr durch die Nahrung angewiesen.

Für 4 Portionen

- 1/2 Lollo Rosso
- 1/2 Eichblattsalat
- einige Radicchioblätter
- 1 Fenchel
- 1 grüne Paprikaschote
- 4 eingelegte Artischockenböden
- 200 g Kräutertofu
- 100 g getrocknete Tomaten in Olivenöl
- 1 Kästchen Kresse
- 100 g schwarze und grüne Oliven
- 6 EL Distelöl
- 4 EL Weißweinessig
- Kräutersalz
- frisch gemahlener Pfeffer

Zubereitungszeit 20 Minuten

❶ Lollo Rosso und Eichblattsalat in Blätter teilen, mit dem Radicchio gründlich waschen und abtropfen lassen.

❷ Die grünen Blätter in mundgerechte Stücke zupfen, den Radicchio in dünne Streifen schneiden.

❸ Den Fenchel vierteln, den Strunk herausschneiden und die dicken Blattschichten auseinander brechen. Den Fenchel waschen und in dünne Streifen schneiden. Die Paprikaschote waschen, halbieren, entkernen und in feine Streifen schneiden.

Der mediterrane Salat ist ein leichter Genuss und weckt Erinnerungen an Mittelmeer, Sonne und Urlaub (Seite 53).

❹ Die Artischockenböden vierteln. Den Kräutertofu in zentimetergroße Würfel schneiden und die Tomaten klein würfeln.

❺ Die Kresse aus dem Kästchen schneiden, waschen und trockentupfen. Die vorbereiteten Zutaten zusammen mit den Oliven in einer Salatschüssel vermengen.

❻ Aus Distelöl, Weißweinessig, Kräutersalz und Pfeffer eine Marinade rühren und den Salat anmachen.

► **Pro Portion**

1258/301 kJ/kcal • 11 g Eiweiß
21 g Fett • 9 g Ballaststoffe
0 mg Cholesterin

TIP

Tofu wird auch als Sojaquark bezeichnet, denn seine Herstellung ist ähnlich wie die von Käse: Sojabohnen werden eingeweicht, püriert, gekocht und anschließend gefiltert. Dabei kann die Flüssigkeit abfließen, feste Bestandteile bleiben zurück. Diese Sojamilch wird dann mit bestimmten Mitteln zur Gerinnung gebracht. Anschließend wird der Sojaquark zu Tofu gepresst.

Gemischte Rohkost

Für 4 Portionen
200 g Rotkohl
200 g Weißkohl
200 g Karotten
1 Fenchel, 1/2 Salatgurke
100 g Sojabohnensprossen
100 g Alfalfa-Sprossen
150 g Studentenfutter
4 EL Sonnenblumenöl
2 EL Sesamsamen
1 EL Zitronensaft
Kräutersalz
frisch gemahlener Pfeffer

Zubereitungszeit 30 Minuten

❶ Die beiden Kohlsorten putzen, waschen und in feine Streifen hobeln. Die Karotten schälen, zuerst in längliche Scheiben und dann quer in Streifen schneiden.

❷ Den Fenchel halbieren, den Strunk entfernen, waschen und in Streifen schneiden. Die Salatgurke schälen, der Länge nach halbieren und in Streifen schneiden.

❸ Die Sojabohnensprossen sowie die Alfalfa-Sprossen waschen und abtropfen lassen. Das Studentenfutter klein hacken oder in ein Küchentuch geben und mit dem Fleischklopfer zerkleinern. Die Rosinen dabei ganz lassen.

❹ Die vorbereiteten Zutaten auf vier Tellern anrichten und mit der Nussmischung und den Rosinen bestreuen. Öl, Sesamsamen, Zitronensaft, Kräutersalz und Pfeffer zu einer Marinade rühren und über die Rohkost träufeln.

► **Pro Portion**
1601/383 kJ/kcal • 11 g Eiweiß
26 g Fett • 10 g Ballaststoffe
0 mg Cholesterin

TIP

Sprossen enthalten viele wichtige Mineralstoffe und Vitamine. Doch Sie müssen bei Keimen und Sprossen besonders auf Schimmel achten, der sich im feuchten Milieu sehr schnell bildet. Waschen Sie deshalb Keime und Sprossen vor der Verwendung sehr gründlich ab.

Quarktörtchen mit Sojabohnenkeimlingen

Für 4 Portionen
1/2 Bund gemischte Kräuter
1 große Zwiebel
2 grüne Paprikaschoten
200 g Doppelrahmfrischkäse
100 g Quark (40% Fett i.Tr.)
4 Eier, Meersalz
frisch gemahlener Pfeffer
1 Stange Lauch
200 g frische Sojabohnenkeimlinge
5 EL Sesamöl, Kräutersalz
frisch gemahlener Pfeffer
8 feuerfeste Förmchen (Timbales)
Butter für die Förmchen

Zubereitungszeit 60 Minuten

❶ Die Kräuter waschen, trockentupfen, von den Stielen zupfen und fein wiegen. Die Zwiebel abziehen und fein würfeln. Die Paprikaschoten waschen, vierteln, entkernen und in kleine Würfel schneiden.

❷ Den Doppelrahmfrischkäse mit dem Quark und den Eiern gründlich verrühren. Kräuter, Zwiebel- und Paprikawürfel einrühren. Die Quarkcreme mit Meersalz und Pfeffer abschmecken.

❸ Die Förmchen bis zum Rand hoch mit Butter auspinseln. Zu 3/4 mit der Quarkcreme auffüllen. Die Förmchen in einen Bräter stellen. Seitlich kochend heißes Wasser bis etwa 1 Zentimeter unter den Förmchenrand eingießen.

❹ Den Bräter mit Alufolie abdecken, in den kalten Backofen (mittlere Schiene) schieben und die Quarktörtchen bei 180 °C (Umluft 160 °C, Gas Stufe 2–3) etwa 25 Minuten pochieren.

❺ In der Zwischenzeit den Lauch der Länge nach halbieren, waschen und in feine Streifen schneiden.

❻ Die Sojabohnenkeimlinge waschen und in einem Sieb abtropfen lassen. Das Sesamöl in einer Pfanne erhitzen. Die Lauchstreifen einstreuen und glasig dünsten.

❼ Die Keimlinge hinzufügen und etwa 5 Minuten durchbraten. Mit Salz und Pfeffer würzen.

❽ Den Bräter aus dem Ofen nehmen und die Förmchen vorsichtig herausnehmen. Etwa 5 Minuten stehen lassen. Mit einem scharfen Messer die Ränder lösen.

❾ Die Quarktörtchen stürzen und mit einer Palette vorsichtig auf vier Tellern verteilen. Rundherum das Lauch-Sojabohnengemüse geben.

► **Pro Portion**
1769/423 kJ/kcal • 22 g Eiweiß
29 g Fett • 5 g Ballaststoffe
268 mg Cholesterin

Das im Rezept angegebene Sesamöl, ein hochwertiges Pflanzenöl aus dem Reformhaus, ist nicht mit dem dunklen, flüssigen Würzmittel aus der asiatischen Küche zu verwechseln. Dunkles Sesamöl würde in der Pfanne verbrennen und stark rauchen. Zum Abschmecken eignet es sich jedoch sehr gut.

Käse-Trauben-Gelee mit Mangold

Zu dem Käse-Trauben-Gelee passen frittierte Tofuwürfel, Gemüsestangen mit Käsecreme oder ein gemischter Salat mit Joghurtdressing.

Für 4 Portionen

1/4 l Apfelsaft
1/4 l Apfelwein (Cidre) oder trockener Weißwein
20 g Gelatinepulver
200 g Sultanatrauben
400 g Edelpilzkäse bis zu 50 % Fett i.Tr.
500 g frischer Mangold
Meersalz
50 g Butter, 200 g süße Sahne
frisch gemahlener Pfeffer
frisch geriebene Muskatnuss
1 Terrinenform oder 1 kleine Kastenbackform
Klarsichtfolie

Zubereitungszeit 40 Minuten
Kühlzeit 12 Stunden

❶ Den Apfelsaft und den Apfel- oder Weißwein mit der Gelatine verrühren und kurz aufkochen. Den Topf beiseite ziehen und die Flüssigkeit etwas abkühlen lassen.

❷ Die Weintrauben entstielen, waschen und trockentupfen. Den Käse in etwa 1/2 Zentimeter dicke Scheiben und passend zur Terrinenform schneiden.

Das Trauben-Käse-Gelee ist eine raffinierte und delikate Mischung aus süßen Trauben und herzhaftem Käse (Seite 57).

❸ Die Terrinenform mit Klarsichtfolie auslegen und die Ränder großzügig überlappen lassen.

❹ Auf den Boden der Form etwa 1/4 der Sülzflüssigkeit gießen. Darauf einen Teil der Weintrauben verteilen und diese mit Käsescheiben belegen. Mit Sülzflüssigkeit begießen und so lange fortfahren, bis alles aufgebraucht ist.

❺ Die Käsesülze mit der Klarsichtfolie bedecken und über Nacht in den Kühlschrank stellen.

❻ Den Mangold putzen, waschen, abtropfen lassen und in breite Streifen schneiden. In kochendes Salzwasser legen und 1 Minute aufwallen lassen. Den Topfinhalt in ein Sieb gießen, den Mangold mit kaltem Wasser abschrecken und abtropfen lassen.

❼ Die Butter in einem Topf erhitzen. Den Mangold dazugeben und etwa 5 Minuten anbraten. Mit Sahne aufgießen und mit Salz, Pfeffer und Muskatnuss abschmecken.

❽ Die Ränder der Käsesülze mit einem Messer vorsichtig lösen und anschließend stürzen. Die Sülze mit einem elektrischen Messer in Scheiben schneiden.

► Pro Portion

3150/750 kJ/kcal • 30 g Eiweiß
56 g Fett • 1 g Ballaststoffe
173 mg Cholesterin

Gegrilltes Gemüse mit Knoblauchbutter

Gomasio ist eine Paste aus gerösteten, fein gemahlenen Sesamkörnern und Meersalz. Es hat einen nussartigen Geschmack und ist recht fetthaltig. Gomasio ist reich an Mineralstoffen und Eiweiß.

Für 4 Portionen

2 Knollen Fenchel, 1 Kohlrabi
Meersalz
200 g Austernpilze
1 Zwiebel, 2 Paprikaschoten
4 Tomaten, 1 Zucchini
5 Knoblauchzehen
100 g zimmerwarme Butter
Kräutersalz
frisch gemahlener Pfeffer
1/8 l Gemüsebrühe
1 EL Gomasio
Alufolie

Zubereitungszeit 30 Minuten

❶ Den Fenchel putzen, vierteln, den Strunk entfernen und die Blattschichten auseinander brechen. Den Kohlrabi schälen, vierteln und in dicke Scheiben schneiden.

❷ Fenchel- und Kohlrabistücke 1 Minute in kochendem Salzwasser blanchieren. In ein Sieb gießen, mit kaltem Wasser abbrausen und abtropfen lassen.

❸ Die Austernpilze putzen und kleiner schneiden. Die Zwiebel abziehen, vierteln und in Schichten brechen. Die Paprikaschoten waschen, vierteln und entkernen. Die Tomaten waschen und kreuzweise einschneiden. Die Zucchini waschen und in zentimeterdicke Stücke schneiden.

❹ Die Knoblauchzehen abziehen und zerdrücken. Vier große Alufolienblätter auf einer Arbeitsplatte zurechtlegen. Den Knoblauch mit der Butter verrühren. Die Alufolie mit einem Drittel der Butter teilweise bestreichen.

❺ Das vorbereitete Gemüse auf der Alufolie verteilen und mit Kräutersalz und Pfeffer würzen. Die Folienränder hochziehen und das Gemüse mit Gemüsebrühe und Gomasio beträufeln. Obenauf die restliche Knoblauchbutter geben.

❻ Die Alufolien verschließen und die Gemüsepäckchen auf ein Backblech geben. Das Gemüse in den kalten Backofen schieben (mittlere Schiene) und bei 180 °C mit Grillstufe (Umluft 160 °C, Gas Stufe 2–3) etwa 25 Minuten garen. Nach etwa 15 Garminuten die Alufolien öffnen.

► Pro Portion
1303/312 kJ/kcal • 9 g Eiweiß
22 g Fett • 11 g Ballaststoffe
60 mg Cholesterin

Grilltomaten mit Kressequark

Für 4 Portionen

4 Fleischtomaten, 2 Schalotten
2 EL Olivenöl
50 g frisch gehackte Haselnüsse
1 EL Zitronensaft
50 g zimmerwarme Butter
Kräutersalz
frisch gemahlener Pfeffer
Olivenöl
2 Kästchen Kresse
250 g Sahnequark
50 g süße Sahne
je 1 Messerspitze edelsüßes und rosenscharfes Paprikapulver
Butter für die Auflaufform

Zubereitungszeit 30 Minuten

❶ Die Fleischtomaten waschen, die Deckel abschneiden und das Fruchtfleisch aushöhlen. Eine Auflaufform mit Butter ausfetten.

❷ Die Schalotten abziehen, fein würfeln und im heißen Olivenöl glasig dünsten. Das Tomatenfruchtfleisch hinzufügen und in etwa 5 Minuten eindicken lassen. Haselnüsse, Zitronensaft und Butter zugeben. Mit Kräutersalz und Pfeffer würzen.

❸ Die Tomatenbuttermischung in die ausgehöhlten Tomaten füllen. Den Tomatendeckel darauf setzen. Die Tomaten in die Auflaufform setzen und mit Olivenöl bestreichen. Den Auflauf in den kalten Backofen (mittlere Schiene) schieben und bei 200 °C mit Grillstufe (Umluft 180 °C, Gas Stufe 3–4) etwa 20 Minuten grillen.

❹ In der Zwischenzeit die Kresse aus dem Kästchen schneiden, waschen und abtropfen lassen. Die Kresse fein hacken und mit dem Quark und der Sahne verrühren. Mit Kräutersalz, Pfeffer und den beiden Paprikasorten würzen.

❺ Die Tomaten aus der Auflaufform nehmen und zusammen mit dem Kressequark anrichten.

► **Pro Portion**
2230/533 kJ/kcal
14 g Eiweiß
45 g Fett
5 g Ballaststoffe
100 mg Cholesterin

Ihren scharfen Geschmack verdankt die Kresse dem hohen Gehalt an Senfölen, die antibakteriell wirken. Kresse ist deshalb bei Infektionskrankheiten der Atemwege zu empfehlen. Außerdem enthält sie reichlich Vitamin C zur Vorbeugung von Infekten.

Gemüsepfanne mit Seitan

Seitan wird aus Weizeneiweiß hergestellt, ist fettarm und rein pflanzlich. Deshalb enthält es kein Cholesterin. Zusammen mit Hülsenfrüchten und Milchprodukten liefert es wertvolles Eiweiß für den menschlichen Körper.

Für 4 Portionen

- 1 Zwiebel
- 2 Knoblauchzehen
- 1 Zucchini
- 1 kleine Aubergine
- 200 g Champignons
- 500 g Eiertomaten
- 1/2 Bund gemischte Kräuter (Petersilie, Oregano, Basilikum, Dill, Kerbel, Estragon)
- 5 EL Olivenöl
- Kräutersalz
- frisch gemahlener Pfeffer
- 1/8 l Tomatensaft
- 100 g süße Sahne
- 200 g Seitan (Weizeneiweiß)
- 50 g Butter

Zubereitungszeit 30 Minuten

❶ Die Zwiebel und die Knoblauchzehen abziehen und fein würfeln. Die Zucchini und die Aubergine waschen, der Länge nach vierteln und in 1/2 Zentimeter dicke Stücke schneiden.

❷ Die Champignons häuten und je nach Größe halbieren oder vierteln. Die Tomaten waschen und kreuzweise einschneiden. Mit kochendem Wasser überbrühen und die Haut abziehen. Das Stielende entfernen. Das Fruchtfleisch klein würfeln.

Die Gemüsepfanne mit Seitan ist eine wahre Vitaminbombe und verführt dazu, die Schüssel vollständig leer zu essen (Seite 61).

❸ Die Kräuter waschen, trockentupfen und fein wiegen. Das Olivenöl in einer Pfanne erhitzen.

❹ Die Zwiebel- und Knoblauchwürfel im heißen Öl dünsten. Auberginen- und Zucchiniwürfel mitbraten. Nach und nach das restliche Gemüse zugeben.

❺ Gemüsepfanne mit Kräutersalz und Pfeffer würzen. Mit Tomatensaft, Sahne und Kräutern verfeinern.

❻ Den Seitan in kleine Würfel schneiden und in Butter von allen Seiten goldgelb braten.

❼ Die Gemüsepfanne auf vier Tellern verteilen und obenauf die gebratenen Seitanstücke geben.

► **Pro Portion**

1711/409 kJ/kcal • 16 g Eiweiß
31 g Fett • 6 g Ballaststoffe
58 mg Cholesterin

TIP

Champignons sollten Sie nie waschen. Die Pilze lassen sich jedoch sehr gut schälen, indem man mit einem kleinen Messer von der unteren Kante des Hutes die äußerste Haut vorsichtig abzieht.

Gemüsespieße mit Nusssauce

Variation für die Nusssauce: je 50 Gramm Sellerie- und Karottenwürfel in Butter andünsten. Mit Sahne aufgießen und die Erdnusscreme einrühren. Für die Gemüsespieße eignen sich auch junge Möhren, Zwiebelstücke, Champignons oder Paprika.

Für 4 Portionen

- 16 Cocktailtomaten
- 1 Zucchini
- 200 g Austernpilze
- 1 Paprikaschote
- 1 Knoblauchzehe
- 5 EL Olivenöl
- Kräutersalz
- frisch gemahlener Pfeffer
- 40 g gehackte Haselnüsse
- 200 g süße Sahne
- 50 g Erdnusscreme
- 1 EL gehackte Petersilie
- 8 Schaschlikspieße

Zubereitungszeit 40 Minuten

❶ Die einzelnen Gemüsesorten waschen und trockentupfen. Die Zucchini von den Stielenden befreien, der Länge nach halbieren und in Stücke schneiden. Die Austernpilze in gleich große Stücke schneiden.

❷ Die Paprikaschote vierteln, entkernen und in gleich große Stücke schneiden. Die Knoblauchzehe abziehen, zerdrücken und mit dem Olivenöl verrühren.

❸ Die Gemüsesorten abwechselnd auf die Schaschlikspieße stecken. Mit Knoblauchöl einpinseln und nach Belieben mit Pfeffer und Salz würzen.

❹ Das restliche Knoblauchöl in einer Pfanne erhitzen und darin die Gemüsespieße etwa 5 Minuten von allen Seiten braten. Aus der Pfanne nehmen und auf Teller verteilen.

❺ Eine Pfanne ohne Fett heiß werden lassen und die Haselnüsse einstreuen. Unter mehrmaligem Rühren leicht rösten. Sahne eingießen, die Erdnusscreme dazugeben und rühren, bis eine cremige Sauce entsteht.

❻ Die Nusssauce mit Salz und Pfeffer abschmecken und die Petersilie einrühren. Die Gemüsespieße löffelweise mit Sauce überziehen.

► **Pro Portion**

1996/478 kJ/kcal • 10 g Eiweiß
41 g Fett • 7 g Ballaststoffe
54 mg Cholesterin

Gemüseplätzchen mit Käsesauce

Für 4 Portionen

- 800 g frisches Gemüse (grüne Erbsen, Karotten, Sellerie, Lauch, Blumenkohl, Spinat)
- Meersalz
- 1 große Zwiebel
- 1/2 Bund Petersilie
- 50 g Mandeln
- 1 Ei
- Kräutersalz
- frisch gemahlener Pfeffer
- frisch geriebene Muskatnuss
- 100 g süße Sahne
- 100 g Gouda
- 6 EL Olivenöl
- etwa 100 g Sesamsamen

Zubereitungszeit 60 Minuten

❶ Das Gemüse waschen und putzen, Sellerie sowie Karotten schälen, in kleine Würfel schneiden und in Salzwasser 2 Minuten kochen. Abgießen, mit kaltem Wasser abschrecken und abtropfen lassen.

❷ Das restliche Gemüse fein hacken oder im Küchenmixer grob pürieren. Die Zwiebel abziehen und fein würfeln. Die Petersilie waschen, trockenschwenken, von den Stielen zupfen und fein wiegen.

❸ Die Mandeln reiben, zusammen mit dem zerkleinerten Gemüse, dem Sellerie, den Karotten, den Zwiebeln und der Petersilie in einer Schüssel mit dem Ei verkneten. Mit Kräutersalz, Pfeffer und Muskatnuss würzen. Den Gemüseteig für 20 Minuten in den Kühlschrank stellen.

❹ In der Zwischenzeit die Sahne erhitzen. Den Käse reiben, einstreuen und unter ständigem Rühren schmelzen lassen. Den Topf beiseite ziehen.

❺ Aus dem Teig 8 bis 12 flache Plätzchen formen. In einer Pfanne das Olivenöl erhitzen. Die Gemüseplätzchen im Sesam wenden, portionsweise in die Pfanne legen und auf jeder Seite goldbraun braten.

❻ Die Gemüseplätzchen auf Küchenkrepp entfetten und mit der Käsesauce servieren.

► **Pro Portion**
2637/630 kJ/kcal
22 g Eiweiß
50 g Fett
11 g Ballaststoffe
103 mg Cholesterin

TIP

Muss es einmal schnell gehen, können Sie auch eine Gemüsemischung aus der Tiefkühltruhe verwenden. Das frisch geerntete Gemüse wird noch am Tag der Ernte schockgefrostet und enthält noch große Mengen des ursprünglichen Vitamingehalts.

Asiatisches Gemüsecurry

Sie können anstelle der Ananas eine kleine Honigmelone verwenden. Diese zuletzt unter das Gemüsecurry mischen. Einen anderen Geschmack bekommt das Gericht, wenn Sie statt Curry einen halben Esslöffel Kurkuma nehmen und eine Messerspitze Muskatblüte (Macis) beigeben.

Für 4 Portionen

2 Babyananas
1/2 Bund Koriandergrün
1 grüne Paprikaschote
1 rote Paprikaschote
1/2 Salatgurke, 1 Zucchini
4 Frühlingszwiebeln
100 g Sojabohnensprossen
200 g Zuckerschoten
3 EL Olivenöl
4 EL Frutilose oder Birnendicksaft
1 EL Currypulver
Kräutersalz
frisch gemahlener Pfeffer
100 g ungesüßte Kokospaste
1/4 l Gemüsebrühe
50 g Kokosraspel

Zubereitungszeit 50 Minuten

❶ Die Babyananas mit Strunk der Länge nach halbieren. Das Fruchtfleisch herauslösen und in kleine Würfel schneiden.

❷ Das Koriandergrün waschen, trockenschwenken, von den Stielen zupfen und hacken. Die Paprikaschoten waschen, vierteln, entkernen und in etwa zentimetergroße Würfel schneiden.

❸ Die Salatgurke schälen, längs halbieren, die Kerne herauslösen und das Fruchtfleisch in Streifen schneiden. Die Zucchini waschen, den Stielansatz entfernen, längs halbieren und in dünne Streifen schneiden.

❹ Die Frühlingszwiebeln putzen und in Ringe schneiden. Die Sojabohnensprossen gründlich waschen und gut abtropfen lassen. Die Zuckerschoten waschen und jede Schote quer zwei- bis dreimal durchschneiden.

❺ In einem breiten Topf oder besser einem Wok das Öl erhitzen. Unter ständigem Rühren die Frühlingszwiebeln andünsten.

❻ Nach und nach das restliche Gemüse sowie die Ananasstücke einstreuen und diese unter Rühren etwa 5 Minuten anbraten. Mit Frutilose, Currypulver, Kräutersalz und Pfeffer würzen.

❼ Die Kokospaste in die Gemüsebrühe schaben und das Gemüse damit aufgießen. Nochmals abschmecken und das Gemüse in die Ananashälften füllen. Das restliche Gemüse auf eine Servierplatte geben. Mit Kokosraspeln bestreuen.

► Pro Portion
1605/384 kJ/kcal • 8 g Eiweiß
22 g Fett • 10 g Ballaststoffe
0 mg Cholesterin

Das asiatische Gemüsecurry mit Ananas und Kokosraspeln schmeckt nach Exotik, Karibik und Urlaub (Seite 65).

Rahmspinat mit Käseschnee

Für 4 Portionen

- 1 kg frischer Spinat
- 1 kleine Zwiebel
- 2 Knoblauchzehen
- 20 g Butter
- 25 g Kräuterbutter
- Meersalz
- frisch gemahlener Pfeffer
- 100 g süße Sahne, 4 Eiweiß
- 250 g Tilsiter
- Zum Frittieren: Kokosfett oder Erdnussöl

Spinat ist außerordentlich reich an Eisen. Der menschliche Körper kann pflanzliches Eisen jedoch nicht so gut aufnehmen wie tierisches. Um trotzdem in den Genuss des wertvollen Minerals zu kommen, sollten Sie ein Glas Orangensaft zum Essen trinken. Denn Vitamin C erhöht die Eisenaufnahme im Darm.

Zubereitungszeit 40 Minuten

❶ Den Spinat waschen, putzen und 1 Minute in kochendem Salzwasser dünsten. Den Spinat in ein Sieb geben, mit kaltem Wasser abschrecken und abtropfen lassen.

❷ Die Zwiebel und die Knoblauchzehen abziehen und fein würfeln. In einem Topf die Butter erhitzen. Die Zwiebel- und Knoblauchwürfel einstreuen und glasig dünsten.

❸ Den Spinat zusammen mit der Kräuterbutter hinzufügen und bei kleiner Hitze einige Minuten garen. Mit Meersalz und Pfeffer würzen. Mit der Sahne verfeinern.

❹ Das Backfett in einer Fritteuse oder einem Topf auf 180 °C heiß siedend erhitzen. Das Eiweiß zu steifem Schnee schlagen, den Käse fein reiben und unterheben.

❺ Mit einem Teelöffel Nocken abstechen und diese portionsweise in das heiße Fett geben. Mit einem Schaumlöffel die Käsenocken im Fett mehrmals wenden. Sobald die Nocken goldgelb sind, herausnehmen und auf Küchenkrepp entfetten. Den Spinat auf tiefe Teller verteilen und obenauf die Käsenocken setzen.

► **Pro Portion**

2423/580 kJ/kcal • 27 g Eiweiß
47 g Fett • 5 g Ballaststoffe
91 mg Cholesterin

Gemüsegratin mit Pinienkernen

Für 4 Portionen

- 1 Zwiebel
- 2 Knoblauchzehen
- 1 kg Mischgemüse (Tiefkühlware)
- 100 g Pinienkerne
- 2 EL Olivenöl
- 50 g zimmerwarme Butter
- Kräutersalz
- frisch gemahlener Pfeffer
- 200 g süße Sahne
- 1 Eigelb
- 150 g Tilsiter

Zubereitungszeit 40 Minuten

❶ Die Zwiebel und die Knoblauchzehen abziehen und hacken. Das Mischgemüse in ein Sieb geben. Die Pinienkerne nach Belieben kleiner hacken und mit dem Olivenöl verrühren.

❷ Die Butter in einem feuerfesten Bräter erhitzen. Zwiebel- und Knoblauchwürfel darin unter Rühren anbraten.

❸ Das Mischgemüse sowie die Pinienkerne in Olivenöl hinzufügen. Etwa 3 Minuten weiterbraten.Mit Kräutersalz und Pfeffer würzen.

❹ Die Sahne mit dem Eigelb verquirlen. Den Käse reiben und unterheben. Die Mischung gleichmäßig über das Gemüse verteilen.

❺ Den Bräter in den kalten Backofen schieben (mittlere Schiene) und das Gemüse bei 180 °C (Umluft 160 °C, Gas Stufe 2–3) etwa 20 Minuten überbacken, bis es goldgelb ist.

► **Pro Portion**

2638/630 kJ/kcal
22 g Eiweiß
50 g Fett
8 g Ballaststoffe
150 mg Cholesterin

Dieses Gemüsegratin ist für ein schnelles Mittagessen zusammengestellt. Sollten Sie mehr Zeit zur Verfügung haben, ist es natürlich besser, wenn Sie frisches Gemüse verwenden. Je nach Saison können Sie beliebig auswählen zwischen Brokkoli, Blumenkohl, Möhren, Zucchini oder Erbsen.

TIP

Käseliebhaber wissen es schon längst: mit Parmigiano Reggiano lassen sich Saucen hervorragend abschmecken. Wenn einmal eine Sauce nicht schmeckt oder der Pfiff fehlt, einfach »zwei Handreiben Käse« darüber.

Chicoréeauflauf

Für 4 Portionen

2 große Zwiebeln
4 Stangen Chicorée
Saft von 1/2 Zitrone
Meersalz
500 g Champignons
2 Knoblauchzehen
200 g Edamer
50 g Parmigiano Reggiano
60 g Butter
Kräutersalz
frisch gemahlener Pfeffer
1/8 l Weißwein
4 Eier
1/4 l Milch

Zubereitungszeit 50 Minuten

❶ Die Zwiebeln abziehen und fein hacken. Die Chicoréestauden längs halbieren, dabei den Strunk entfernen und unter fließendem kaltem Wasser waschen.

❷ Den Chicorée in kochendes Wasser mit Zitronensaft und einer Prise Meersalz geben. 4 Minuten kochen, in ein Sieb gießen, abschrecken und abtropfen lassen. Die Champignons putzen und feinblättrig schneiden. Die Knoblauchzehen abziehen. Die beiden Käsesorten separat reiben.

❸ Die Hälfte der Butter in einem Topf erhitzen. Den Knoblauch und die Zwiebelwürfel darin glasig dünsten. Die Champignons hinzufügen und so lange dünsten, bis der Pilzsaft vollständig verdunstet ist.

❹ Die Champignons mit Kräutersalz und frisch gemahlenem Pfeffer würzen. Den Weißwein angießen und den Parmigiano Reggiano einrühren. Den Topf vom Herd nehmen.

❺ Die restliche Butter in einem feuerfesten Bräter erhitzen. Die Chicoréehälften hineinlegen, rundherum andünsten und mit Kräutersalz und Pfeffer nach Belieben würzen.

❻ Den Bräter vom Herd nehmen und die Champignons über den Chicorée geben. Eier, Milch und geriebenen Edamer miteinander verrühren.

❼ Die Eiermilch über den Chicorée gießen, den Bräter in den kalten Backofen (mittlere Schiene) schieben und den Auflauf bei 220 °C (Umluft 200 °C, Gas Stufe 4–5) etwa 30 Minuten überbacken, bis er goldbraun ist.

► Pro Portion

2136/511 kJ/kcal • 33 g Eiweiß
33 g Fett • 4 g Ballaststoffe
308 mg Cholesterin

Knoblauch, Weißwein und Parmigiano Reggiano runden den Geschmack des Chicorées ab und lassen ihn zu einem rustikalen Abendessen werden (Seite 69).

Überbackener Rosenkohl mit Salbei

Echter Pecorino-Käse wird in Mittel- und Süditalien sowie auf den Inseln Sardinien und Sizilien hergestellt. Es gibt viele verschiedene Pecorino-Varianten, die sich in der Milchart beziehungsweise der Mischung aus Kuh-, Schafs- und Ziegenmilch sowie in den Herstellungsmethoden mit unterschiedlicher Reifedauer voneinander unterscheiden.

Für 4 Portionen

1 kg Rosenkohl
einige frische Salbeiblätter
1/2 Bund Petersilie
1 große Zwiebel
1 Knoblauchzehe
100 g Pecorino
60 g Margarine
Kräutersalz
frisch gemahlener Pfeffer
200 g süße Sahne
3 Eier

Zubereitungszeit 40 Minuten

❶ Den Rosenkohl waschen, putzen und dabei am Strunk kreuzweise einritzen. Den Salbei waschen, trockentupfen und in Streifen schneiden.

❷ Die Petersilie waschen, trockentupfen, von den Stielen zupfen und hacken. Die Zwiebel und die Knoblauchzehe abziehen und fein würfeln. Den Pecorino fein reiben.

❸ Die Margarine in einem feuerfesten Bräter erhitzen und die Zwiebel- und Knoblauchwürfel glasig dünsten.

❹ Den Rosenkohl zugeben und unter häufigem Rühren einige Minuten anbraten. Mit Kräutersalz und frisch gemahlenem Pfeffer würzen. Einige Löffel Wasser über den Rosenkohl träufeln. Den Bräter mit einem Deckel verschließen und das Gemüse 10 Minuten schmoren lassen.

❺ Die Sahne mit den Eiern, dem Salbei und der Petersilie verschlagen. Den Rosenkohl mit dem Käse bestreuen und mit der Eiersahne begießen. Den Auflauf in den kalten Backofen (mittlere Schiene) schieben und bei 180 °C mit Grillstufe (Umluft 160 °C, Gas Stufe 2–3) etwa 20 Minuten überbacken.

► Pro Portion
2269/543 kJ/kcal
26 g Eiweiß
40 g Fett
12 g Ballaststoffe
255 mg Cholesterin

Herzhafter Kürbisauflauf

Für 4 Portionen

1 1/4 kg Kürbis
Meersalz
20 g Butter
100 g süße Sahne
150 g Gorgonzola
4 Eier
50 g Crème fraîche
1 Messerspitze gemahlene Muskatblüte
Butter für die Form

Zubereitungszeit 90 Minuten

❶ Den Kürbis schälen und entkernen. Das Fruchtfleisch in Stücke schneiden.

❷ Einen Topf Wasser mit einer Prise Meersalz, der Butter und 50 g Sahne aufkochen. Die Kürbisstücke zugeben und den Topf verschließen. Den Kürbis darin etwa 30 Minuten garen.

❸ Den Gorgonzola mit einer Gabel zerdrücken. Die restliche Sahne erwärmen und den Gorgonzola darin schmelzen.

❹ Den Kürbis abgießen, abtropfen lassen und in einem Mixer fein pürieren. Eine Auflaufform mit Butter einfetten.

❺ Das Eiweiß zu steifem Schnee schlagen. Die Kürbismasse mit den Eigelben, dem Gorgonzola und der Crème fraîche cremig rühren. Mit der Muskatblüte würzen.

❻ Das Eiweiß vorsichtig unter die Kürbismasse heben. Die luftige Kürbiscreme bis 2 Zentimeter unter den Rand der Auflaufform füllen.

❼ Den Kürbisauflauf in den kalten Backofen (mittlere Schiene) schieben und bei 200 °C (Umluft 180 °C, Gas Stufe 3–4) etwa 30 Minuten backen. In den letzten Garminuten die Grillstufe einschalten und die Oberfläche golden bräunen.

► Pro Portion

1825/436 kJ/kcal
18 g Eiweiß
34 g Fett
2 g Ballaststoffe
321 mg Cholesterin

TIP

Für diesen Kürbisauflauf verwenden Sie am besten kräftige Käsesorten wie z. B. Parmigiano Reggiano, Bavaria Blue, Roquefort, Gruyère oder einen Appenzeller.

Tofuplätzchen mit Oreganopaste

TIP

Falls Sie einen Mörser besitzen, sollten Sie die Paste unbedingt darin herstellen. Die Zutaten nach und nach in den Mörser geben und mit dem Olivenöl fein zerreiben, bis eine sämige Masse entsteht.

Für 4 Portionen

400 g Tofu
1/2 Bund glatte Petersilie
1 kleine Zwiebel
1 große Karotte
100 g Gouda
2 Eier
Kräutersalz
frisch gemahlener Pfeffer
60 g Butter

Für die Paste:

1 Bund frischer Oregano
2 Knoblauchzehen
50 g Pinienkerne
50 g Parmigiano Reggiano
6 EL Olivenöl

Zubereitungszeit 50 Minuten
Kühlzeit 60 Minuten

❶ Den Tofu klein schneiden. Die Petersilie waschen, trockentupfen, von den Stielen zupfen und fein wiegen. Die Zwiebel abziehen und klein hacken.

Sofort werden Erinnerungen an Italien und Mittelmeer wach, wenn Pesto mit viel Knoblauch, Olivenöl und echtem Parmigiano Reggiano sein Aroma entfaltet (Seite 73).

❷ Die Karotte waschen, schälen und klein schneiden. Den Tofu, die Zwiebelwürfel, die Petersilie und die Karottenstücke im Mixer oder mit dem Pürierstab fein pürieren. Den Käse reiben.

❸ Die Tofumasse mit den Eiern und dem Gouda gründlich vermengen. Nach Belieben mit Kräutersalz und Pfeffer abschmecken. Den Teig zugedeckt 1 Stunde im Kühlschrank ziehen lassen.

❹ Für die Paste die Oreganoblättchen von den Stielen zupfen, waschen, trockentupfen und grob zerschneiden. Die beiden Knoblauchzehen abziehen und durch eine Knoblauchpresse drücken.

❺ Den klein geschnittenen Oregano, die Pinienkerne, den Parmigiano Reggiano, den Knoblauch und das Olivenöl in einen Mixer geben und fein pürieren. Die Paste mit Kräutersalz und Pfeffer abschmecken, in eine Sauciere füllen und bis zum Servieren kalt stellen.

❻ Aus dem Tofuteig mit nassen Händen kleine, flache Plätzchen formen. Die Butter erhitzen und die Tofuplätzchen portionsweise auf beiden Seiten darin goldbraun braten.

❼ Die Tofuplätzchen auf Küchenpapier entfetten. Auf einer Servierplatte anrichten und mit der Oreganopaste servieren.

► Pro Portion

2656/635 kJ/kcal • 29 g Eiweiß
52 g Fett • 3 g Ballaststoffe
178 mg Cholesterin

Kohlenhydratreich schlemmen

Frühstücke und Snacks

Es sind unsere meist festgefahrenen Lebensgewohnheiten, die schon bei Tagesanfang die kulinarische Richtung anzeigen. Manche können sich kein Frühstück ohne Brot vorstellen, und andere schwören auf Milchprodukte und Früchte. Nach Dr. Hay müssen Sie sich morgens für eine Richtung – Kohlenhydrate oder Eiweiß – entscheiden, obwohl Sie jeden Tag die Möglichkeit haben, wieder zu wechseln. Die Lebensmittel aus der Kohlenhydrat-Gruppe können Sie jederzeit mit Lebensmitteln aus der neutralen Gruppe kombinieren.

Bei Kohlenhydratmahlzeiten für Frühstück und Zwischenmahlzeiten sind erlaubt:

- Vollkornbrot
- sämtliche Getreidesorten als Backwaren, Flocken und Körner für Müslimischungen, wie z.B. Haferflocken, Haferkörner, Weizenkleie, Gerstenkörner, etc.
- Früchte wie Bananen und mürbe Äpfel
- Trockenfrüchte wie ungeschwefeltes Dörrobst (Apfelringe, Rosinen, Feigen)
- zum Süßen: Honig, Birnendicksaft, Ahornsirup, Apfeldicksaft, Frutilose
- alle Käsesorten ab 45% Fett i.Tr.

Zum Frühstück eignen sich z.B. auch Vollkornbrot mit Butter und Honig, mit Rahmgouda und Gurkenscheiben oder Vollkorntoast mit Sahnequark.

Quarkplätzchen mit Tomaten

TIP

Den Kräuterquark können Sie auch zu einem kohlenhydratreichen Abendessen kombinieren: Schneiden Sie Gurkenwürfel, Radieschenscheiben und Selleriesalz hinzu und genießen Sie den Quark mit Pellkartoffeln.

Für 2 Portionen

- 1 Fleischtomate
- 1/2 Bund Schnittlauch
- 1/2 Bund Petersilie
- 250 g Quark, 100 g Dickmilch
- Kräutersalz
- frisch gemahlener Pfeffer
- 4 bis 6 Scheiben Vollkornbrot
- 25 g zimmerwarme Butter
- Plätzchenausstecher

Zubereitungszeit 15 Minuten

❶ Die Tomate kreuzweise einschneiden, mit kochendem Wasser überbrühen und die Haut abziehen. Das Fruchtfleisch entkernen und in kleine Würfel schneiden.

❷ Den Schnittlauch waschen und in Röllchen schneiden. Die Petersilie waschen, von den Stängeln zupfen und fein hacken.

❸ Den Quark mit der Dickmilch cremig verrühren. Schnittlauch, Petersilie und Tomatenwürfel untermengen. Mit Kräutersalz und Pfeffer würzen. Den Quark in einer Schüssel anrichten.

❹ Mit Ausstechformen wie Herzen, Monde etc., Plätzchen aus den Brotscheiben stechen. Diese mit Butter bestreichen und auf Frühstückstellern anrichten.

► **Pro Portion**

2450/586 kJ/kcal

30 g Fett • 50 g Kohlenhydrate

11 g Ballaststoffe • 60 mg Cholesterin

Bananencreme

Für 2 Portionen

- 150 g Sahnequark
- 150 g Dickmilch
- 2 reife Bananen
- abgeriebene Zitronenschale
- 1 EL Honig
- 1 EL Mandelsplitter

Zubereitungszeit 10 Minuten

❶ Den Quark und die Dickmilch miteinander verrühren. Die Bananen schälen, mit einer Gabel zerdrücken und unter den Quark rühren.

❷ Den Bananenquark mit abgeriebener Zitronenschale und Honig abschmecken. In eine Schale füllen und mit Mandelsplittern garnieren.

► **Pro Portion**
1449/346 kJ/kcal
13 g Fett • 41 g Kohlenhydrate
5 g Ballaststoffe • 38 mg Cholesterin

Käseschlemmerei

Für 2 Portionen

- 4 Scheiben Vollkorntoast
- 30 g zimmerwarme Butter
- 100 g Butterkäse
- 4 Eigelbe
- 100 g süße Sahne
- Kräutersalz
- frisch gemahlener Pfeffer

Zubereitungszeit 20 Minuten

❶ Den Backofen auf 200° C mit Grillstufe (Umluft 180 °C, Gas Stufe 3–4) vorheizen. Die Vollkornscheiben mit Butter bestreichen und auf ein Backblech legen. Den Käse reiben.

❷ Die Eigelbe mit der Sahne verquirlen und mit Kräutersalz sowie mit Pfeffer nach Geschmack würzen. Die restliche Butter in einer Pfanne erhitzen. Das Sahnegemisch eingießen und nach kurzem Stocken verrühren, bis das Ei restlos angebraten ist.

❸ Die Rühreier auf den Brotscheiben verteilen. Den geriebenen Käse darüber verteilen. Die Brote auf ein Backblech legen, dieses in den Ofen schieben und die Vollkorntoasts einige Minuten goldbraun überbacken.

► **Pro Portion**
3591/859 kJ/kcal
58 g Fett • 44 g Kohlenhydrate
2 g Ballaststoffe • 750 mg Cholesterin

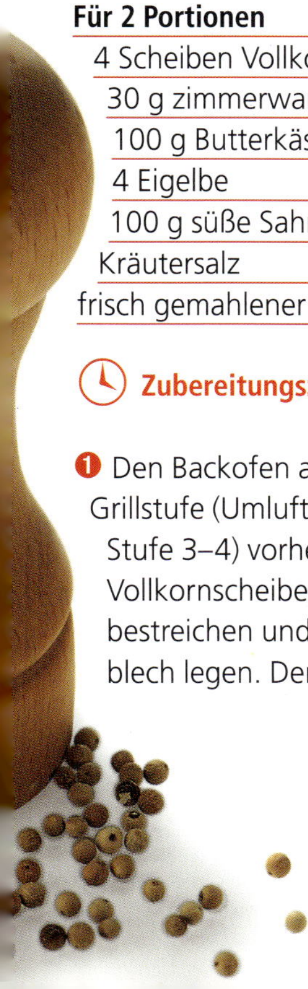

TIP

Verwenden Sie zum Würzen der Speisen grundsätzlich Pfefferkörner, die Sie mit einer Pfeffermühle direkt vor Gebrauch mahlen. Frisch gemahlener Pfeffer schmeckt viel aromatischer und kräftiger als das gekaufte Pulver.

Wenn Sie Omelette oder Rührei zubereiten, geben Sie einen Schuss kohlensäurehaltiges Mineralwasser in die Eiermischung. Dann wird sie besonders luftig.

Bauernfrühstück

Für 2 Portionen

- 300 g Kartoffeln
- 1 kleine Zwiebel
- 1/2 Bund Petersilie
- 3 Eigelbe
- 100 g süße Sahne
- 30 g Butter
- Kräutersalz
- 1 Prise Kümmel
- edelsüßes Paprikapulver

Zubereitungszeit 50 Minuten

❶ Die Kartoffeln waschen und mit Schale etwa 20 Minuten kochen.

❷ Die Zwiebel abziehen und hacken. Die Petersilie waschen und fein wiegen. Die Pellkartoffeln schälen und in etwa zentimetergroße Würfel schneiden.

❸ Die Eigelbe mit Sahne und Petersilie verrühren. In der heißen Butter die Kartoffel- und Zwiebelwürfel anbraten.

❹ Die Kartoffeln würzen. Die Eiermischung in die Pfanne gießen, stocken lassen und das Ganze locker durchmengen.

► Pro Portion

2306/551 kJ/kcal
40 g Fett • 30 g Kohlenhydrate
5 g Ballaststoffe • 563 mg Cholesterin

Das Joghurt-Müsli ist ein leckerer, kraftvoller und zugleich gesunder Start in den Tag (Seite 81).

Joghurt-Müsli

Für 2 Portionen

- 150 g Vollmilchjoghurt
- 1 EL Honig
- 1 Banane
- 100 g zuckerfreie Müslimischung
- 1 EL ungeschwefelte Rosinen

Zubereitungszeit 5 Minuten

❶ Vollmilchjoghurt mit Honig verrühren und in eine Müslischüssel geben. Banane schälen, in Scheiben schneiden, darauf verteilen.

❷ Die Müslimischung und die Rosinen über den Joghurt streuen. Sofort servieren.

► Pro Portion

1319/315 kJ/kcal
6 g Fett • 56 g Kohlenhydrate
10 g Ballaststoffe • 9 mg Cholesterin

TIP

Joghurt liefert besonders viel Kalzium, das der Körper für Knochen, Zähne und Nerven braucht. In der Müslimischung stecken viele Ballaststoffe, die die Verdauung in Schwung halten. Trinken Sie reichlich, damit die Ballaststoffe quellen können.

Sahniger Haselnussquark

Für 2 Portionen
- 75 g Sahne
- 200 g Sahnequark
- 50 g Haselnusskerne
- 2 EL Birnendicksaft oder Honig

Zubereitungszeit 10 Minuten

❶ Die Sahne steif schlagen, zwei Teelöffel abnehmen und den Rest mit dem Quark cremig verrühren. Die Hälfte der Haselnusskerne fein mahlen und zusammen mit dem Birnendicksaft oder dem Honig in das Sahne-Quark-Gemisch rühren.

❷ Die restlichen Haselnusskerne grob zerkleinern, zwei Teelöffel abnehmen und den Rest unter den Quark heben. Den Haselnussquark in zwei Schüsseln verteilen und mit je einem Löffel Sahne verzieren. Zum Garnieren die restlichen Haselnüsse darüber streuen.

► Pro Portion
2153/515 kJ/kcal
39 g Fett • 23 g Kohlenhydrate
2 g Ballaststoffe
78 mg Cholesterin

Die Zutaten für das heiße Sonntagsfrühstück können Sie auch verdoppeln, mit gebratenem Gemüse und Kräuterquark kombinieren und als kohlenhydratreiche Abendmahlzeit verzehren.

Heißes Sonntagsfrühstück

Für 2 Portionen
- 300 g Kartoffeln
- 1 TL Kartoffelmehl
- 1 Eigelb
- 2 EL saure Sahne
- Kräutersalz
- 50 g Butter
- 200 g Hüttenkäse oder dünne Scheiben Camembert

Zubereitungszeit 30 Minuten

❶ Die Kartoffeln waschen, schälen und auf einer Küchenreibe fein reiben. Die Kartoffelraspeln fest ausdrücken, damit der Saft abläuft.

❷ Die Kartoffeln mit Kartoffelmehl, dem Eigelb und der sauren Sahne gut vermischen. Mit Kräutersalz abschmecken.

❸ Butter in einer Pfanne erhitzen. Mit einem Esslöffel kleine Kartoffelhäufchen in die Pfanne geben und diese mit der Löffelunterseite platt auf den Pfannenboden drücken.

❹ Sobald die Kartoffelpuffer angebraten sind, diese vorsichtig wenden, auf zwei vorgewärmte Teller legen und mit Hüttenkäse oder Camembert belegen.

► **Pro Portion**
2126/508 kJ/kcal
30 g Fett
32 g Kohlenhydrate
3 g Ballaststoffe
237 mg Cholesterin

Süßer Bananenreis

Für 2 Portionen
150 g Naturrundreis
Meersalz, 2 EL Honig
1 große Banane
50 g Mandelstifte

Zubereitungszeit 40 Minuten

❶ Den Reis mit reichlich Wasser bedeckt 8 Stunden quellen lassen. Abgießen, in kochendem Salzwasser 25 Minuten gar kochen lassen. In ein Sieb gießen und mit kaltem Wasser abschrecken.

❷ In einer Schüssel den Reis mit Honig verrühren. Die Banane schälen, klein schneiden und mit den Mandelstiften untermengen.

► **Pro Portion**
2262/541 kJ/kcal
15 g Fett
88 g Kohlenhydrate
6 g Ballaststoffe
0 mg Cholesterin

TIP

Bananen enthalten im reifen Zustand nur noch Frucht- und Traubenzucker, was der Körper sehr schnell aufnehmen kann. Sie enthalten dagegen fast keine Stärke mehr. Deshalb sind sie für Kopfarbeiter ebenso wertvoll wie für Sportler und Langstreckenautofahrer.

Hauptgerichte

Buntes Käsefondue

Für 4 Portionen

- 1 1/2 kg fest kochende Kartoffeln
- 1 EL Kümmel
- 2 Stangen Staudensellerie
- 1 Bund Radieschen
- 100 g schwarze Oliven
- 100 g grüne Oliven
- 1 Knoblauchzehe
- 0,2 l süße Sahne
- 0,2 l Gemüsebrühe
- 400 g Bergkäse (z. B. Greyerzer)
- 200 g Emmentaler
- 1 EL Kartoffelstärke

Zubereitungszeit 50 Minuten

❶ Die Kartoffeln waschen und in Salzwasser mit dem Kümmel fast weich garen. Die Kartoffeln schälen und in gleich große Stücke, schneiden. Sie müssen so groß sein, dass sie sich mit einer Fonduegabel gut aufspießen lassen.

❷ Die Selleriestangen waschen und in mundgerechte Stücke schneiden. Die Radieschen putzen und waschen. Die vorbereiteten Zutaten und die Oliven in Schüsseln am Esstisch bereitstellen.

❸ Die Knoblauchzehe abziehen und fein würfeln. Diese zusammen mit der Sahne und der Gemüsebrühe aufkochen. Den Käse grob reiben und unter ständigem Rühren in Form einer Acht einstreuen und schmelzen lassen. Mit Stärke binden.

❹ Den geschmolzenen Käse in ein Caquelon umfüllen und auf ein Rechaud am Tisch stellen. Die vorbereiteten Zutaten abwechselnd in den Käse tauchen.

► **Pro Portion**

5156/1233 kJ/kcal

72 g Fett • 77 g Kohlenhydrate

13 g Ballaststoffe • 100 mg Cholesterin

Wer es mit der Trennkost bei diesem Gericht nicht allzu streng halten möchte, bereitet das Fondue statt mit Sahne und Gemüsebrühe mit 0,4 Liter trockenem Weißwein zu.

TIP

Seinen Namen erhielt das Käsefondue von dem französischen Verb »fondre«, was übersetzt so viel heißt wie schmelzen, zerlaufen. Der klassische Fonduetopf ist der Caquelon aus Keramik oder Steingut. Das Material nimmt die Hitze langsam auf und gibt sie schonend an den Käse weiter. Es gibt einige Regeln, die Sie beachten sollten: Rühren Sie beim Zubereiten die Käsemasse mit einem Holzlöffel immer in Form einer Acht, und rühren Sie beim Eintauchen der Zutaten immer einmal kräftig um. So bleibt die Masse schön sämig.

Karotten-Rosinen-Salat

Currypulver ist kein einzelnes Gewürz, sondern eine aus Indien stammende Mischung aus vielen verschiedenen Gewürzen. Üblicherweise sorgen Cayennepfeffer, Gewürznelken, Ingwer, Kardamom, Koriander, Kurkuma, Kreuzkümmel, Macis, Muskatnuss, Paprika, Piment und Zimt für das typische »Curryaroma«.

Für 4 Portionen

500 g Karotten
1 Knoblauchzehe
100 g Rosinen
frisch gemahlener Pfeffer
150 g Joghurt
1 EL Honig
Meersalz
2 Kopfsalatherzen

Zubereitungszeit 20 Minuten

❶ Die Karotten schälen und grob raspeln. Den Knoblauch abziehen und grob hacken. Rosinen, Karottenraspeln, Knoblauch und Pfeffer miteinander vermengen.

❷ Den Joghurt mit Honig und Meersalz verrühren und mit den Karotten vermischen.

❸ Die Kopfsalatherzen in einzelne Blätter zupfen, waschen, trockenschwenken und auf vier Teller verteilen. Den Karottensalat darauf anrichten.

► **Pro Portion**
624/149 kJ/kcal • 2 g Fett
28 g Kohlenhydrate
7 g Ballaststoffe
4 mg Cholesterin

Marinierte Schwarzwurzeln

Für 4 Portionen

1 kg Schwarzwurzeln
Meersalz
1 Banane
150 g saure Sahne
150 g Joghurt
1 TL Currypulver
1 Bund Schnittlauch

Zubereitungszeit 40 Minuten

❶ Die Schwarzwurzeln waschen, schälen und in kochendes Salzwasser legen. Die Garzeit beträgt, je nach Alter und Dicke der Stangen, etwa 30 Minuten.

❷ Die gegarten Schwarzwurzeln in ein Sieb gießen und abtropfen lassen. Anschließend in etwa 2 Zentimeter dicke Stücke schneiden.

❸ Die Banane schälen und fein zerdrücken. Zusammen mit saurer Sahne und Joghurt cremig rühren. Mit Currypulver und Meersalz abschmecken. Den Schnittlauch waschen, trockentupfen, in kleine Röllchen schneiden und unterheben.

❹ Die Schwarzwurzelstücke auf einer Servierplatte anrichten und mit der Sauce löffelweise überziehen. Je nach Belieben sofort genießen oder für einige Stunden zum Durchziehen in den Kühlschrank stellen.

► **Pro Portion**
1117/267 kJ/kcal • 6 g Fett
42 g Kohlenhydrate
14 g Ballaststoffe
19 mg Cholesterin

Knuspriger Sellerie mit Dip

Für 4 Portionen

1 mittelgroße Sellerieknolle
Kräutersalz
150 g Vollkornbrot
100 g Greyerzer
2 Eigelbe, 50 g süße Sahne
1 Bund Schnittlauch
150 g Vollmilchjoghurt
150 g saure Sahne
1/4 TL Currypulver
Zum Backen: 100 g Butter

Zubereitungszeit 40 Minuten

❶ Sellerie waschen, schälen, in dicke Scheiben schneiden, salzen. Brot und Käse reiben. Eigelbe mit der Sahne verquirlen. Sellerie in den Bröseln wenden, durch die Eier ziehen und in der Pfanne panieren.

❷ Schnittlauch waschen, schneiden, mit Joghurt, saurer Sahne, Salz und Curry verrühren. Sellerie in der Butter goldbraun ausbraten. Joghurtsauce als Dip reichen.

► **Pro Portion**
2591/620 kJ/kcal
47 g Fett
22 g Kohlenhydrate
4 g Ballaststoffe
493 mg Cholesterin

TIP

Ätherische Öle, wie sie z. B. in Sellerie oder Meerrettich enthalten sind, haben viele gesunde Eigenschaften. Sie sind scharf und wirken in unseren Schleimhäuten (Mund, Rachen und Magen) und im Darm antibakteriell und pilztötend. Auch beim Ausscheiden über Niere, Blase und Harnleiter wirken sie desinfizierend und schützen bei Entzündungen der Harnwege.

Gebratenes Gemüse mit Kräuterquark

1x

Ihre Heimat hat die Aubergine, auch Eierfrucht genannt, in Ostindien. Von dort aus verbreitete sie sich über Asien nach Ägypten und Nordafrika und kam vermutlich im 16. Jahrhundert nach Europa. Langsam, aber sicher erobert sie sich in den letzten Jahren den deutschen Markt.

Für 4 Portionen

500 g Kartoffeln
1 kleine Aubergine
Meersalz
250 g Brokkoli, 250 g Blumenkohl
1 Zucchini, 1 Zwiebel
je 1 rote und grüne Paprikaschote
4 Knoblauchzehen
2 Eiertomaten, Kräutersalz
Kümmel nach Belieben
edelsüßes und rosenscharfes Paprikapulver
1 Bund gemischte Kräuter (Schnittlauch, Petersilie, Dill, Pimpernelle, Bärlauch etc.)
250 g Sahnequark
100 g saure Sahne
Selleriesalz
Olivenöl

Zubereitungszeit 80 Minuten

❶ Kartoffeln waschen und mit der Schale etwa 20 Minuten weich kochen. Etwas abkühlen lassen.

❷ Die Aubergine waschen, in etwa 1/2 Zentimeter dicke Scheiben schneiden und in kaltes Salzwasser legen. Den Brokkoli und den Blumenkohl waschen, putzen und in Röschen teilen. Die Röschen 1 Minute in kochendes Salzwasser geben. Abgießen, abschrecken und abtropfen lassen.

❸ Die Auberginenscheiben zum Trocknen auf Küchenpapier legen. Die Zucchini säubern und in dünne Scheiben schneiden. Die Paprikaschoten waschen, achteln und entkernen.

❹ Die Zwiebel abziehen, vierteln und die Schichten auseinander brechen. Die Knoblauchzehen abziehen und längs halbieren.

❺ Die Tomaten waschen und in dicke Scheiben schneiden. Die Kartoffeln schälen und je nach Größe in Viertel oder Achtel schneiden. Das vorbereitete Gemüse mit Kräutersalz, Kümmel und Paprika kräftig würzen.

❻ Die frischen Kräuter waschen, trockentupfen und fein wiegen. Zusammen mit dem Quark und der sauren Sahne verrühren. Mit Selleriesalz abschmecken.

❼ Olivenöl erhitzen. Die verschiedenen Gemüse der Reihe nach von allen Seiten knusprig braten. Herausnehmen, auf Küchenpapier entfetten und auf vier Tellern anrichten. Dazu den Kräuterquark servieren.

► Pro Portion

1600/380 kJ/kcal
20 g Fett • 33 g Kohlenhydrate
10 g Ballaststoffe • 40 mg Cholesterin

Lecker und leicht, gesund und bunt – so präsentiert sich das knackige Gemüse mit würzigem Kräuterquark (Seite 89).

Lorbeerkartoffeln mit Kräutermascarpone

Mascarpone ist ein italienischer Frischkäse mit weißlicher bis hellgelber Farbe. Sein Geschmack ist sahnig-mild.

Für 4 Portionen

8 gleich große Kartoffeln
8 Lorbeerblätter
1 Knoblauchzehe
3 EL Olivenöl
1/2 Bund gemischte Kräuter wie Petersilie, Basilikum, Kerbel, Dill, Schnittlauch etc.
250 g Mascarpone
100 g süße Sahne
Selleriesalz
je 1 rote und grüne Paprikaschote

Zubereitungszeit 60 Minuten

❶ Die Kartoffeln mit einer Bürste unter fließendem kaltem Wasser gründlich bürsten und dann abtrocknen. Jede Kartoffel so weit einschneiden, dass in diesem Schnitt 1 Lorbeerblatt Platz hat.

❷ Die Knoblauchzehe abziehen, durch eine Presse in das Olivenöl drücken und verrühren. Die Kartoffeln auf ein Backblech setzen und mit dem Knoblauchöl bestreichen.

❸ Das Backblech in den kalten Backofen (mittlere Schiene) schieben und die Kartoffeln bei 200 °C (Umluft 180 °C, Gas Stufe 3–4), je nach Größe, etwa 40 Minuten garen.

❹ Die Kräuter waschen, trockentupfen und fein wiegen. Den Mascarpone mit der Sahne und den Kräutern cremig verrühren und mit Selleriesalz würzen.

❺ Die Paprikaschoten waschen, vierteln, entkernen und in Streifen schneiden. Die fertigen Kartoffeln aus dem Ofen nehmen und auf vier Teller verteilen. Die Mascarponecreme mit den Paprikastreifen garnieren und mit den Kartoffeln servieren.

► Pro Portion

2260/538 kJ/kcal
42 g Fett
31 g Kohlenhydrate
6 g Ballaststoffe
120 mg Cholesterin

Kartoffelgulasch

Für 4 Portionen

- 1 kg Kartoffeln
- 1/2 kg Zwiebeln
- 2 Knoblauchzehen
- 2 grüne Paprikaschoten
- 3 EL Olivenöl
- 1 EL Tomatenmark
- 1 TL Kümmel
- Meersalz
- 1/4 TL edelsüßes Paprikapulver
- 1 Prise rosenscharfes Paprikapulver
- 100 g saure Sahne

Zubereitungszeit 50 Minuten

❶ Die Kartoffeln waschen, schälen und in 2 bis 3 Zentimeter große Würfel schneiden. Die Zwiebeln abziehen, halbieren und in dünne Streifen schneiden.

❷ Knoblauchzehen abziehen und sehr fein hacken. Paprikaschoten waschen, vierteln, entkernen und in 1/2 Zentimeter kleine Würfel schneiden.

❸ Das Olivenöl in einem Topf erhitzen und die Zwiebelstreifen und den Knoblauch darin etwa 20 Minuten dünsten. Zwischendurch mit 1/8 Liter Wasser nach und nach begießen und mehrmals umrühren.

❹ Die Kartoffelstücke, die Paprikawürfel und das Tomatenmark zu den Zwiebeln geben und umrühren. Das Ganze mit so viel Wasser aufgießen, dass das Gemüse vollständig bedeckt ist.

❺ Das Kartoffelgulasch mit Kümmel, Meersalz und Paprikapulver würzen. Den Topf mit einem Deckel verschließen und die Kartoffeln etwa 20 Minuten bei mittlerer Hitze kochen, bis sie weich sind.

❻ Das fertige Kartoffelgulasch auf vier tiefe Teller verteilen, mit saurer Sahne garnieren und sofort servieren.

► **Pro Portion**
1529/366 kJ/kcal
11 g Fett • 53 g Kohlenhydrate
11 g Ballaststoffe • 9 mg Cholesterin

Olivenöl zeichnet sich aus durch sein feines Aroma, das an Sonne, Meer und Urlaub erinnert. Es enthält nicht ganz so viele ungesättigte Fettsäuren wie beispielsweise Sonnenblumen- oder Distelöl, die vor Arteriosklerose schützen.

Den Kartoffelauflauf können Sie auch mit frischen Champignons, Brokkoli oder Lauch zubereiten.

Kartoffelauflauf mit Gorgonzola

Für 4 Portionen

1 Bund Frühlingszwiebeln
2 Karotten, 50 g Butter
1 kg Kartoffeln, Kräutersalz
300 g süße Sahne
150 g Gorgonzola

Zubereitungszeit 60 Minuten

❶ Die Frühlingszwiebeln und die Karotten waschen, putzen und in kleine Würfel schneiden. In der Hälfte der Butter dünsten.

❷ Die Gemüsewürfel auf dem Boden einer gefetteten Auflaufform verteilen. Die Kartoffeln schälen, in dünne Scheiben schneiden, dachziegelartig legen und salzen.

❸ Die Sahne erwärmen, den Gorgonzola zerkleinern und einrühren. Sobald die Sauce cremig wird, diese über die Kartoffeln gießen.

❹ Die Form in den kalten Backofen (mittlere Schiene) schieben und die Kartoffeln bei 200 °C (Umluft 180 °C, Gas Stufe 3–4) etwa 30 Minuten goldgelb überbacken.

► Pro Portion
3000/717 kJ/kcal
46 g Fett • 52 g Kohlenhydrate
9 g Ballaststoffe • 150 mg Cholesterin

Bratkartoffeln mit Edelpilzkäse

Für 4 Portionen

1 kg gekochte Kartoffeln vom Vortag
100 g schwarze Oliven
50 g Butterschmalz
Kräutersalz
300 g Blauschimmelkäse

Zubereitungszeit 30 Minuten

❶ Die Kartoffeln waschen, schälen und in gleichmäßig dicke Scheiben schneiden. Die Oliven halbieren und entkernen.

❷ Den Backofen auf 200 °C mit Grillstufe vorheizen. In einem Bräter oder einer backofengeeigneten Pfanne das Butterschmalz erhitzen und darin die Kartoffelscheiben von beiden Seiten knusprig braten. Dabei mit Kräutersalz würzen.

❸ Den Käse in dünne Scheiben schneiden. Die Kartoffeln mit den Oliven und den Käsescheiben belegen. Den Bräter in den vorgeheizten Ofen schieben und die Kartoffeln in etwa 5 Minuten überbacken.

► Pro Portion
2680/641 kJ/kcal
39 g Fett • 45 g Kohlenhydrate
7 g Ballaststoffe • 102 mg Cholesterin

Die Bratkartoffeln mit Edelpilzkäse sind eine gelungene Kombination von knusprigen Kartoffeln, zerlaufenem Käse und in der Sonne gereiften Oliven (Seite 93).

Käse-Kartoffeln

Für 4 Portionen

- 1 kg Kartoffeln
- Kräutersalz
- Kümmel
- edelsüßes und rosenscharfes Paprikapulver
- 4 große Zwiebeln
- 80 g Butterschmalz
- 300 g Bergkäse über 50% Fett i.Tr.
- 50 g Butterflöckchen

Kartoffeln sind von Natur aus recht kalorienarm. Kalorienbomben werden es erst, wenn sie zu Pommes frites, Kroketten oder Kartoffelpuffern frittiert werden.

Zubereitungszeit 60 Minuten

❶ Die Kartoffeln mit Schale in etwa 20 Minuten weich kochen. Etwas abkühlen lassen. Die Pellkartoffeln schälen und in Scheiben schneiden. Mit Kräutersalz, Kümmel und Paprika einreiben. Die Zwiebeln abziehen und in Ringe schneiden.

❷ Das Butterschmalz in zwei großen Pfannen erhitzen. In einer Pfanne die Zwiebelringe goldbraun rösten und in der anderen Pfanne die Kartoffelscheiben kräftig durchbraten.

❸ Eine breite Auflaufform mit Butter ausfetten. Den Käse fein reiben. Die Kartoffeln mit Zwiebeln und Käse einschichten. Als letzte Schicht Käse; darüber die Butterflöckchen geben.

❹ Die Auflaufform in den kalten Backofen (mittlere Schiene) schieben und die Käse-Kartoffeln bei 200 °C (Umluft 180 °C, Gas Stufe 3–4) etwa 15 Minuten goldbraun überbacken.

► **Pro Portion**

3612/864 kJ/kcal
53 g Fett • 57 g Kohlenhydrate
12 g Ballaststoffe • 139 mg Cholesterin

Scharfe Kartoffeln

Für 4 Portionen

- 1 1/2 kg Kartoffeln
- 4 Knoblauchzehen
- 100 ml Olivenöl
- 2 kleine, rote Chilischoten
- Kräutersalz
- Cayennepfeffer
- edelsüßes und rosenscharfes Paprikapulver
- 250 g saure Sahne
- 1/4 TL Currypulver

Zubereitungszeit 60 Minuten

❶ Die Kartoffeln waschen, schälen und vierteln. Den Knoblauch abziehen und durch eine Presse in das Olivenöl drücken.

❷ Die Chilischoten waschen, der Länge nach halbieren, entkernen und fein würfeln. Die Kartoffelviertel mit Salz, Cayennepfeffer und Paprika einreiben. Chiliwürfel darüber streuen und mit Knoblauchöl übergießen.

❸ Die gewürzten Kartoffelviertel auf einem Backblech verteilen und in den kalten Backofen (mittlere Schiene) schieben. Die Kartoffeln bei 200 °C (Umluft 180 °C, Gas Stufe 3–4) etwa 30 Minuten goldbraun backen. Die saure Sahne mit Curry und Salz würzen und zu den knusprigen Kartoffelvierteln servieren.

► **Pro Portion**
2603/622 kJ/kcal
32 g Fett • 66 g Kohlenhydrate
9 g Ballaststoffe • 23 mg Cholesterin

Süßkartoffelauflauf

Für 4 Portionen

1 große Zwiebel
1 kg Süßkartoffeln, 2 Bananen
Kräutersalz, 50 g Kokosraspel
400 g süße Sahne, 1 Eigelb
1/4 TL gemahlene Muskatblüte
1/4 TL gemahlener Zimt
1/4 TL zerstoßene Pimentkörner
30 g Butterflöckchen
2 EL Olivenöl für die Form

Zubereitungszeit 60 Minuten

❶ Die Zwiebel abziehen und fein würfeln. Die Süsskartoffeln schälen und grob raffeln. Die Bananen in halbe Scheiben schneiden.

❷ Eine Auflaufform einölen. Zwiebel, Kartoffeln und Bananen hineingeben und salzen. Sahne, Eigelb, Kokosraspeln und Gewürze verschlagen und über das Gemüse gießen.

❸ Die Butterflöckchen auf den Auflauf setzen. Die Form in den kalten Backofen (mittlere Schiene) schieben und den Auflauf bei 200 °C (Umluft 180 °C, Gas Stufe 3–4) etwa 40 Minuten goldbraun überbacken.

► **Pro Portion**
3477/832 kJ/kcal
50 g Fett • 76 g Kohlenhydrate
23 g Ballaststoffe • 206 mg Cholesterin

TIP

Süßkartoffeln, auch Bataten genannt, werden in allen wärmeren Ländern der Tropen, Subtropen und gemäßigten Zone angebaut, wo sie für große Teile der Bevölkerung Hauptnahrungsmittel sind. Sie sind botanisch nicht mit der Kartoffel verwandt, schmecken jedoch ähnlich. Die Knollen der Süßkartoffeln sind länglich, mit einem spitzen Ende, zwischen 10 und 30 Zentimeter lang, rötlich und im Durchschnitt ein Kilogramm schwer.

Zucchiniauflauf mit Grünkern

Grünkern ist nichts anderes als unreif, also »grün« geernteter Dinkel. Sowohl Dinkel als auch Grünkern sind für unsere Ernährung sehr wertvoll, da sie hochwertiges Eiweiß, Kalzium und Eisen enthalten.

Für 4 Portionen

- 250 g Grünkern
- 1 Stange Lauch
- 1 Zwiebel
- 1 Karotte
- 500 g Zucchini
- Kräutersalz
- frisch gemahlener Pfeffer
- Currypulver nach Belieben
- 50 g Butter
- 6 EL Olivenöl
- 100 g Butterkäse
- 300 g Sahne
- 1 Eigelb
- Butter für die Form

Zubereitungszeit 100 Minuten
Einweichzeit 8 Stunden

❶ Den Grünkern gründlich waschen, in einem Topf mit Wasser bedecken und etwa 8 Stunden einweichen. Danach im Einweichwasser etwa 10 Minuten kochen und weitere 15 Minuten bei geschlossenem Deckel quellen lassen.

❷ Den Lauch der Länge nach halbieren, waschen und in kleine Würfel schneiden. Zwiebel abziehen, die Karotte waschen, schälen und beides klein würfeln. Die Zucchini waschen und in Scheiben schneiden, mit Salz, Pfeffer und Currypulver würzen.

Getreidekörner einmal ganz – Zucchini, Karotten, Lauch und Zwiebeln harmonieren perfekt mit dem nussigen Geschmack des Grünkerns (Seite 97).

❸ Eine Auflaufform mit Butter ausfetten. Die Hälfte der Butter in einer Pfanne erhitzen und die Gemüsewürfel außer den Zucchinischeiben dünsten. Mit Salz und Pfeffer würzen.

❹ Den Grünkern in ein Sieb geben, abtropfen lassen und mit den Gemüsewürfeln vermengen. Die Hälfte davon auf dem Boden der Auflaufform verteilen.

❺ In der Pfanne das Olivenöl erhitzen und darin die Zucchinischeiben auf beiden Seiten goldbraun braten. Die Hälfte davon auf die Gemüsemischung geben.

❻ Die restlichen Gemüsewürfel darüber geben und mit Zucchinischeiben abschließen. Den Käse reiben und darüber streuen.

❼ Die Sahne mit dem Eigelb verquirlen und darüber gießen.
Die restliche Butter als Flöckchen obenauf setzen. Die Auflaufform in den kalten Backofen (mittlere Schiene) schieben und bei 200 °C (Umluft 180 °C, Gas Stufe 3–4) etwa 40 Minuten goldbraun überbacken.

► **Pro Portion**
3325/795 kJ/kcal
58 g Fett • 57 g Kohlenhydrate
7 g Ballaststoffe • 160 mg Cholesterin

Lauchkuchen mit Comté

Comté ist ein französischer Hartkäse aus Rohmilch, der bis zu fünf Monate reift. Sein kräftig-aromatischer Geschmack und sein Fettgehalt von meist über 45 % Fett i. Tr. machen ihn zu einer beliebten Zutat für zahlreiche Gerichte.

Für 1 Springform (Ø 26 Zentimeter)

- 200 g Vollkornmehl
- 1/2 frischer Hefewürfel, 1 TL Honig
- 1/2 Bund Petersilie, 800 g Lauch
- 1 Eigelb, 5 EL Sonnenblumenöl
- 1/2 TL Kräutersalz
- 2 Knoblauchzehen
- 200 g Comté (50% Fett i.Tr.)
- 250 g süße Sahne, 2 Eigelbe
- 1 Prise Cayennepfeffer
- 1 Prise rosenscharfes Paprikapulver
- 1/4 TL edelsüßes Paprikapulver
- 1/4 TL gemahlener Koriander
- 20 g Butterflöckchen, Butter

Zubereitungszeit 60 Minuten

❶ Das Mehl in eine Schüssel sieben, in der Mitte eine Mulde formen. Die Hefe in 1/8 Liter lauwarmes Wasser bröckeln, mit Honig verrühren, in die Mulde gießen und mit etwas Mehl zu einem Vorteig verrühren. Mit Mehl überstäuben und zugedeckt 20 Minuten ruhen lassen.

❷ Die Petersilie waschen und fein wiegen. Den Lauch längs halbieren, die Blattschichten waschen und in dünne Streifen schneiden.

❸ Den Vorteig mit dem restlichen Mehl, dem Eigelb, einem Esslöffel Öl und dem Salz zu einem Teig verkneten. Mit Mehl bestäuben und 20 Minuten ruhen lassen.

❹ Die Knoblauchzehen abziehen und fein hacken. Das restliche Öl erhitzen und Knoblauch und Lauch 5 Minuten dünsten. Salzen und die Pfanne beiseite stellen.

❺ Eine Springform einfetten. Den Teig auf einer bemehlten Arbeitsfläche ausrollen und die Form bis zum Rand hoch auskleiden. Den Pfanneninhalt auf dem Teigboden verteilen. Den Käse fein reiben. Sahne, Eigelbe, Gewürze und Käse verrühren und über den Lauch gießen.

❻ Die Butterflöckchen auf dem Lauchkuchen verteilen und die Springform in den kalten Backofen (mittlere Schiene) schieben. Den Lauchkuchen bei 180 °C (Umluft 160 °C, Gas Stufe 2–3) 35 bis 40 Minuten goldbraun backen.

► Pro Portion

3516/841 kJ/kcal
60 g Fett • 42 g Kohlenhydrate
12 g Ballaststoffe • 363 mg Cholesterin

Kartoffel-Gemüsesteaks

Fü 4 Portionen

1 kg Kartoffeln	
Meersalz	
1 TL Kümmel	
2 Frühlingszwiebeln	
2 kleine Karotten	
2 Knoblauchzehen	
2 Schalotten	
1 Paprikaschote	
1 Bund Petersilie	
4 EL Olivenöl	
3 Eigelbe	
150 g Kartoffelmehl	
Kräutersalz	
etwa 80 g Butter	

Zubereitungszeit 60 Minuten
Kühlzeit 60 Minuten

❶ Die Kartoffeln waschen und in Salzwasser mit Kümmel in etwa 25 Minuten weich kochen.

❷ In der Zwischenzeit die Frühlingszwiebeln putzen und klein würfeln. Die Karotten waschen, schälen und fein würfeln. Die Knoblauchzehen und die Schalotten abziehen und fein hacken.

❸ Die Paprikaschote waschen, vierteln, entkernen und in kleine Würfel schneiden. Die Petersilie waschen, trockentupfen, von den Stielen zupfen und fein wiegen.

❹ In einer Pfanne Olivenöl erhitzen und darin das vorbereitete Gemüse etwa 5 Minuten dünsten.

❺ Die Kartoffeln kurz auskühlen lassen, schälen und durch eine Presse drücken. Zusammen mit dem Gemüse, den Eigelben, etwa 50 g Kartoffelmehl und mit einer Prise Kräutersalz verarbeiten.

❻ Aus dem Kartoffelteig eine Rolle formen, in Folie wickeln und etwa 1 Stunde kalt stellen.

❼ Von der Kartoffelrolle dickere Scheiben abschneiden, diese etwas nachformen und in Kartoffelmehl wenden. Die Butter in einer großen Pfanne erhitzen. Die Kartoffel-Gemüsesteaks portionsweise auf beiden Seiten goldbraun braten.

► **Pro Portion**
2914/697 kJ/kcal
33 g Fett • 81 g Kohlenhydrate
8 g Ballaststoffe
284 mg Cholesterin

Zu den Kartoffel-Gemüsesteaks servieren Sie einen knackigen Salat aus Kopfsalat, Radicchio, Römersalat und Feldsalat mit einem Dressing aus Joghurt, gehacktem Dill und klein geschnittenen Oliven.

Teig mgl. dünn ausrollen

Vollkornstrudel mit Champignons

TIP

Sie können den Strudel auch mit anderen Gemüsesorten, wie z. B. fein geraspelten Karotten, Zucchini oder in feine Streifen geschnittenem Lauch füllen. Besonders herzhaft schmeckt er mit Schafskäse.

Für 4 Portionen

- 400 g Vollkornweizenmehl
- 1/8 l lauwarmes Wasser
- 4 EL Olivenöl, 1 Eigelb
- 1/4 TL Kräutersalz
- 1 große Zwiebel
- 2 Knoblauchzehen
- 1/2 Bund Petersilie
- 700 g frische Champignons
- 50 g Butter
- 300 g süße Sahne
- 100 g Crème fraîche
- 100 g Roquefort
- flüssige Butter zum Bestreichen

Zubereitungszeit 60 Minuten

1 Aus Mehl, Wasser, Öl, Eigelb und Salz einen glatten Teig kneten; in Folie wickeln und bei Zimmertemperatur 1 Stunde ruhen lassen.

2 Die Zwiebel und die Knoblauchzehen abziehen und fein würfeln. Die Petersilie waschen, von den Stängeln zupfen und fein wiegen. Ein Backblech einfetten. Die Champignons putzen, häuten und in Scheiben schneiden.

3 Die Butter in einer Pfanne erhitzen. Die vorbereiteten Zwiebel- und Knoblauchwürfel darin glasig dünsten und die Champignonscheiben einstreuen.

4 Die Champignons dünsten, bis fast alle Flüssigkeit verdunstet ist. Salzen und 100 Gramm Sahne und die Crème fraîche einrühren. Die Petersilie unterheben und die Pfanne vom Herd nehmen.

5 Den Teig auf einer bemehlten Fläche zu einem Rechteck ausrollen, auf ein bemehltes Küchentuch ziehen. Den sämigen Pilzrahm auf dem Teig verteilen, dabei die Ränder frei lassen. Die seitlichen Ränder einschlagen und den Teig aufrollen. Die Ränder mit Wasser bepinseln und verkleben.

6 Den Strudel mit dem Küchentuch auf das Backblech rollen und mit Butter bestreichen. Das Backblech in den kalten Backofen schieben (mittlere Schiene) und den Strudel bei 200 °C (Umluft 180 °C, Gas Stufe 3–4) 20 Minuten goldbraun backen.

7 Die restliche Sahne erwärmen und den Roquefort in kleinen Stücken einrühren. Die cremige Sauce in eine Sauciere füllen. Den fertigen Strudel kurz abkühlen lassen, in breitere Stücke schneiden und mit der Sauce servieren.

► Pro Portion
4200/1004 kJ/kcal
64 g Fett • 70 g Kohlenhydrate
15 g Ballaststoffe • 220 mg Cholesterin

Diesmal nicht süß, sondern herzhaft – der Strudel ist auch als kleine Vorspeise oder Zwischengang zu empfehlen, wenn Gäste eingeladen sind (Seite 101).

Rösti mit Champignonsahne

Für 4 Portionen

- 250 g Champignons
- 1/2 Bund Petersilie
- 1 Zwiebel
- 30 g Butter
- 300 g süße Sahne
- Kräutersalz
- 1 kg Kartoffeln
- 1 EL Kartoffelmehl
- 3 Eigelbe
- 2 EL saure Sahne
- Meersalz
- frisch geriebene Muskatnuss
- Pflanzenöl

Zubereitungszeit 60 Minuten

❶ Die Champignons putzen und je nach Größe halbieren oder vierteln. Die Petersilie waschen, von den Stielen zupfen und fein wiegen. Die Zwiebel abziehen und hacken.

❷ Die Butter in einem Topf erhitzen. Die Zwiebelwürfel einstreuen und glasig dünsten. Die Champignons hinzufügen und so lange dünsten, bis der gesamte Pilzsaft verdunstet ist.

❸ Die Champignons mit Sahne aufgießen und mit Kräutersalz würzen. Sobald die Sahne aufkocht, die Hitze reduzieren und die Pilze etwa 10 Minuten leicht kochen lassen. Zuletzt die Petersilie unterziehen.

❹ Die Kartoffeln schälen und auf einer Küchenreibe fein raspeln. Den Kartoffelsaft ausdrücken und die Kartoffeln mit Kartoffelmehl, Eigelben und saurer Sahne vermischen. Mit Meersalz und etwas Muskatnuss abschmecken.

❺ In einer Pfanne reichlich Pflanzenöl erhitzen und portionsweise Rösti herstellen: Mit einem Esslöffel Kartoffelteig abstechen und den Teigkloß mit dem Löffelrücken flach auseinander drücken. Die Rösti in das heiß siedende Fett geben, auf beiden Seiten knusprig und goldgelb backen.

TIP

Wenn Sie die Rösti in einer beschichteten Pfanne anbraten, können Sie einiges an Fett sparen.

6 Die Rösti auf Küchenpapier entfetten und auf vier vorgewärmte Teller verteilen. Dazu die Champignonsahne geben.

► **Pro Portion**
2579/617 kJ/kcal
36 g Fett • 52 g Kohlenhydrate
8 g Ballaststoffe • 339 mg Cholesterin

Pfifferlingrahm mit Röstschnitten

Für 4 Portionen

- 800 g frische Pfifferlinge
- 1 Bund glatte Petersilie
- 2 Schalotten
- 50 g Butter
- 1/8 l Gemüsebrühe
- 150 g Crème fraîche mit Knoblauchgeschmack
- Kräutersalz
- 8 Scheiben Vollkorntoast

Zubereitungszeit 30 Minuten

1 Die Pfifferlinge verlesen, putzen und etwas kleiner schneiden. Die Petersilie waschen, trockentupfen, von den Stielen zupfen und hacken.

2 Die Schalotten abziehen und fein würfeln. Die Butter in einer breiten Pfanne erhitzen. Die Schalottenwürfel darin glasig dünsten.

3 Die Pfifferlinge hinzufügen und so lange braten, bis der Pilzsaft aufgesogen ist. Mit Gemüsebrühe aufgießen und die Crème fraîche einrühren. Den Pfifferlingrahm mit Kräutersalz würzen und die Petersilie unterziehen.

4 Die Brotscheiben toasten und jede Scheibe diagonal durchschneiden. Den Pfifferlingrahm in vorgewärmte Suppenteller verteilen und mit den Brotdreiecken garnieren.

► **Pro Portion**
2093/500 kJ/kcal
26 g Fett • 50 g Kohlenhydrate
5 g Ballaststoffe • 42 mg Cholesterin

Frische Pfifferlinge haben von Juli bis September Hochsaison. Sie sind außerordentlich beliebte Speisepilze, werden jedoch in manchen Jahren als kostbare Rarität gehandelt. Frische Pfifferlinge duften angenehm, sie schmecken anfangs mild, dann kräftiger, und sie bleiben verhältnismäßig lange frisch.

Brötchen gut einweichen

Semmelknödel mit Petersilienrahm

Dieses Rezept ist sehr preiswert und eignet sich hervorragend, um ältere Brötchen und trocken gewordenes Brot zu verwerten.

Für 4 Portionen

Für die Knödel:

6 Vollkornbrötchen vom Vortag
150 g süße Sahne
200 ml lauwarmes Wasser
3 Eigelbe
1 Zwiebel
1/2 Bund Petersilie
20 g zerlaufene Butter
Kräutersalz
50 g Vollkornmehl

Für die Sauce:

1/2 Bund Petersilie
30 g Butter
20 g Vollkornmehl
1/4 l Gemüsebrühe
100 g süße Sahne
2 Eigelbe

Zubereitungszeit 60 Minuten

❶ Die Brötchen in dünne Scheiben schneiden, in eine Schüssel legen. Sahne, Wasser und Eigelbe verquirlen, über die Brotschnitten gießen.

❷ Die Zwiebel abziehen und hacken. Die Petersilie waschen, trockenntupfen, von den Stängeln zupfen und fein wiegen.

❸ Die Brotschnitten kräftig durchkneten, mit Zwiebelwürfeln, Petersilie, Butter, Kräutersalz und Vollkornmehl vermengen.

❹ Aus dem Knödelteig mit nassen Händen etwa 8 Knödel formen. In kochendes Salzwasser geben, die Hitze etwas reduzieren und die Knödel in etwa 15 Minuten gar ziehen lassen.

❺ In der Zwischenzeit die Petersilie für die Sauce waschen, trockentupfen, von den Stielen zupfen und hacken. Aus Butter und Mehl eine helle Schwitze rühren und mit Gemüsebrühe aufgießen.

❻ Die Sauce unter gelegentlichem Rühren etwa 10 Minuten leicht kochen lassen. Den Topf vom Herd nehmen, Sahne mit den Eigelben verquirlen und unter die Sauce rühren. Petersilie zugeben.

❼ Die Sauce auf vier Teller verteilen und je zwei Knödel darauf setzen.

► **Pro Portion**

2897/693 kJ/kcal
42 g Fett • 53 g Kohlenhydrate
8 g Ballaststoffe • 492 mg Cholesterin

Zu den Semmelknödeln passt das gebratene Gemüse von Seite 88 oder ein knackiger bunter Salat (Seite 105).

TIP

Verdoppeln Sie das Knödelrezept und frieren Sie einen Teil der rohen Knödel ein. Bei Gebrauch einfach vom Gefrierfach direkt in das kochende Salzwasser geben.

Lauch kleiner schneiden

Polentaplätzchen mit Käsekruste

Mais ist neben Weizen und Reis mengenmäßig die wichtigste Getreideart auf der Welt. Mais enthält, im Gegensatz zu den anderen Getreidesorten, kein Klebereiweiß. Das macht ihn so wertvoll für die Ernährung bei Zöliakie, einer Unverträglichkeit gegenüber diesem Eiweißstoff.

Für 4 Portionen

2 Stangen Lauch
50 g Butter
1 l Gemüsebrühe
1/4 TL Macis (Muskatblüte)
Kräutersalz
250 g Maisgrieß
200 g Parmigiano Reggiano
50 g süße Sahne
Butter für das Blech
Plätzchenausstecher

Zubereitungszeit 60 Minuten

1 Die Lauchstangen der Länge nach halbieren, zwischen den Blattschichten waschen und in feine Streifen schneiden.

2 Die Butter in einem Topf erhitzen. Die Lauchstreifen einstreuen und dünsten. Mit Gemüsebrühe aufgießen und aufkochen. Muskatblüte und Kräutersalz einrühren.

3 Unter ständigem Rühren den Maisgrieß in die kochende Gemüsebrühe streuen, so lange rühren, bis sich die Masse vom Topfrand löst.

4 Den Maisgrieß auf einer Marmorplatte oder auf einer mit Folie bedeckten Fläche etwa 2 Zentimeter hoch ausstreichen. Mit Plätzchenausstechern wie Mond, Sterne, Bären oder Herzen ausstechen.

5 Ein Backblech mit Butter ausstreichen. Die Maisplätzchen darauf verteilen. Den Käse fein reiben.

6 Die Sahne mit dem Käse locker vermengen und löffelweise auf den Plätzchen verteilen. Das Backblech in den kalten Backofen (mittlere Schiene) schieben und die Maisplätzchen bei 200 °C (Umluft 180 °C, Gas Stufe 3–4) etwa 15 Minuten goldbraun überkrusten.

Pro Portion
2564/613 kJ/kcal
32 g Fett
52 g Kohlenhydrate
6 g Ballaststoffe
90 mg Cholesterin

Weizenpfanne mit Gemüse

Für 4 Portionen

250 g Weizenkörner
1 TL Koriander
Meersalz
2 Lorbeerblätter
3 rote Paprikaschoten
1 große Zwiebel
1 mittelgroße Zucchini
1 kleine rote Chilischote
6 EL Sojaöl
1/2 TL Currypulver
1/4 l Gemüsebrühe
4 EL saure Sahne

Zubereitungszeit 60 Minuten
Einweichzeit 12 Stunden

❶ Die Weizenkörner in einem Topf flach mit Wasser bedecken. Koriander, eine Prise Meersalz und die Lorbeerblätter zugeben und über Nacht einweichen lassen.

❷ Die Weizenkörner in dem Einweichwasser etwa 45 Minuten kochen lassen. Anschließend in ein Sieb schütten und abtropfen lassen.

❸ Die Paprikaschoten waschen, vierteln, entkernen und in Würfel schneiden. Die Zwiebel abziehen und fein hacken. Die Zucchini waschen, vom Stielansatz befreien, längs vierteln und quer in Stücke schneiden.

❹ Die Chilischote waschen, entkernen und klein würfeln. In einer breiten Pfanne oder in einem Wok das Sojaöl erhitzen. Unter ständigem Rühren die Zwiebel- und Chiliwürfel dünsten.

❺ Paprikawürfel und Zucchinistücke mitbraten. Mit Currypulver bestäuben und mit Gemüsebrühe aufgießen.

❻ Nach dem ersten Aufkochen die Weizenkörner beimischen und mit Meersalz abschmecken. Die Weizenpfanne auf vier tiefe Teller verteilen und mit saurer Sahne garnieren.

► **Pro Portion**
1735/415 kJ/kcal
19 g Fett
46 g Kohlenhydrate
11 g Ballaststoffe
6 mg Cholesterin

TIP

Anstelle von Weizen können Sie auch Roggen-, Grünkern-, Dinkelkörner oder Hirse verwenden. Denken Sie bei diesem ballaststoffreichen Gericht daran, ausreichend zu trinken, damit die Ballaststoffe quellen können.

Gefüllte Zucchini mit Hirse

Hirse zählt zu den ältesten Kulturpflanzen überhaupt und wird ähnlich zubereitet und verwendet wie Reis. Sie zeichnet sich aus durch ihren hohen Gehalt an Magnesium für Muskeln und Nerven, Fluor für die Zähne und Eisen für den Sauerstofftransport im Blut. Besonders hervorzuheben ist ihr Gehalt an Kieselsäure, die einen positiven Einfluss auf Haut und Augen hat.

Für 4 Portionen

1 große Zwiebel
2 Knoblauchzehen
1/2 Stange Lauch
4 Zucchini à ca. 250 g
2 Zweige frischer Thymian
4 EL Olivenöl, 200 g Hirse
1/2 l Gemüsebrühe
1/4 TL Currypulver, Meersalz
100 g Rahmgouda

Für die Sauce:

2 Schalotten, 100 g Sauerampfer
30 g Butter, 100 g süße Sahne
50 g Crème fraîche
Meersalz
Olivenöl für die Form

Zubereitungszeit 70 Minuten

❶ Die Zwiebel und die Knoblauchzehen abziehen und fein würfeln. Den Lauch waschen und in feine Streifen schneiden. Die Zucchini waschen und der Länge nach halbieren. Das Fruchtfleisch mit einem Löffel ausschaben und hacken. Eine Auflaufform mit Olivenöl ausstreichen.

❷ Den Thymian waschen, von den Zweigen zupfen und hacken. Die Hälfte Olivenöl in einem Topf erhitzen. Zwiebeln, Knoblauch, Lauch und Zucchinifruchtfleisch einstreuen und einige Minuten anschwitzen.

Die Hirsefüllung für die Zucchini ist eine echte Alternative zu Hackfleisch (Seite 109).

❸ Unter ständigem Rühren die Hirse hinzufügen und mitrösten. Mit Gemüsebrühe aufgießen und mit Curry, Salz und Thymian würzen. Bei mittlerer Hitze etwa 1/2 Stunde leicht kochen lassen. Gelegentlich umrühren.

❹ Den Käse reiben, die Hirsemischung in die Zucchinihälften füllen und diese in die Auflaufform setzen. Den geriebenen Käse auf die gefüllten Zucchinihälften streuen und tropfenweise Olivenöl darüber geben. Die Auflaufform in den kalten Backofen (mittlere Schiene) schieben und die Zucchini bei 180 °C (Umluft 160 °C, Gas Stufe 2–3) etwa 1/2 Stunde goldgelb backen.

❺ Die Schalotten abziehen und fein würfeln. Den Sauerampfer waschen und grob hacken. Schalottenwürfel in der Butter glasig dünsten. Sauerampfer hinzufügen und kurz andünsten lassen. Sahne und Crème fraîche einrühren und einige Minuten leicht kochen lassen. Mit Salz abschmecken.

❻ Die Sauce zu den gefüllten Zucchinihälften reichen.

► Pro Portion

2689/643 kJ/kcal
39 g Fett • 48 g Kohlenhydrate
10 g Ballaststoffe • 66 mg Cholesterin

Hafergratin mit Mozzarella

Hafer ist mit bis zu 20 Prozent das eiweißreichste Getreide, und sein Eiweiß hat eine höhere biologische Wertigkeit als das aller anderen Getreidesorten. Mit 100 Gramm Haferflocken kann bereits der Bedarf an sechs von acht lebensnotwendigen Aminosäuren gedeckt werden. Zusammen mit Milch oder Sahne ist das Eiweißangebot komplett.

Für 4 Portionen
1 Bund Petersilie
1 große Zwiebel, 2 große Karotten
1 Lauchstange, 50 g Butter
250 g Hafergrütze, Kräutersalz
1 l Gemüsebrühe, 1/4 TL Kumin
200 g süße Sahne, 2 Eigelbe
250 g Mozzarella
Butter

Zubereitungszeit 60 Minuten

❶ Die Petersilie waschen, trockenschwenken, von den Stängeln zupfen und hacken. Die Zwiebel abziehen und fein hacken. Die Karotten schälen, der Länge nach halbieren und quer in dünne Scheiben schneiden. Die Lauchstange längs halbieren und in dünne Streifen schneiden.

❷ Die Butter in einem breiten Topf erhitzen und die Zwiebelwürfel darin dünsten. Die Hafergrütze hinzufügen und 5 Minuten weiterrühren. Mit Gemüsebrühe aufgießen und aufkochen lassen. Die Karotten und den Lauch in die Grütze rühren und alle Zutaten etwa 20 Minuten leicht kochen lassen.

❸ Eine breite Auflaufform mit Butter ausfetten. Die Hafergrütze vom Herd nehmen. Die Petersilie und das Kumin unterrühren. Mit Kräutersalz abschmecken.

❹ Die Sahne mit den Eigelben verquirlen, unter die Hafergrütze mischen und diese in die Auflaufform geben. Den Mozzarella in feine Scheiben schneiden und die Grütze damit bedecken.

❺ Die Auflaufform in den kalten Backofen (mittlere Schiene) schieben und die Hafergrütze bei 200 °C (Umluft 180 °C, Gas Stufe 3–4) etwa 20 Minuten goldbraun überbacken.

► **Pro Portion**
2980/710 kJ/kcal • 44 g Fett
50 g Kohlenhydrate • 7 g Ballaststoffe
180 mg Cholesterin

Überbackene Hirse mit Joghurt

Für 4 Portionen

- 500 g Champignons
- 1/2 Bund Petersilie
- 1 Zweig Dill
- 6 EL Olivenöl, Kräutersalz
- 2 große Zwiebeln
- 1 Knoblauchzehe
- 200 g Erbsen (Tiefkühlware)
- 150 g Hirse, 1/2 l Gemüsebrühe
- 200 g süße Sahne, 2 Eigelbe
- 300 g Vollmilchjoghurt
- Butter für die Form

Zubereitungszeit 60 Minuten

❶ Die Pilze putzen und je nach Größe halbieren oder vierteln. Die Kräuter waschen, trockentupfen, von den Stängeln zupfen und fein hacken.

❷ Die Hälfte Olivenöl erhitzen und darin die Champignons andünsten. Sobald der Pilzsaft verdunstet ist, die Pilze mit Kräutersalz würzen und die Pfanne vom Herd nehmen.

❸ Eine Auflaufform mit Butter ausfetten. Die Zwiebeln und die Knoblauchzehe abziehen und fein würfeln. Die Erbsen in einem Sieb abtropfen lassen.

❹ Das restliche Olivenöl in einem Topf erhitzen und darin die Zwiebel- und Knoblauchwürfel sowie die Erbsen dünsten. Die Hirse unter ständigem Rühren einstreuen und nach etwa zwei Minuten mit Gemüsebrühe aufgießen.

❺ Den Hirsetopf bei kleiner Hitze etwa 20 Minuten leicht kochen lassen. Dabei gelegentlich umrühren. Die Sahne mit den Eigelben verquirlen und unter die Hirse ziehen. Die Masse in die Auflaufform geben und darüber die gebratenen Champignons verteilen.

❻ Den Joghurt mit Dill verrühren und über den Hirseauflauf verteilen. Den Auflauf in den kalten Backofen (mittlere Schiene) schieben und bei 200 °C (Umluft 180 °C, Gas Stufe 3–4) etwa 20 Minuten goldgelb backen.

► Pro Portion

2765/661 kJ/kcal
40 g Fett • 47 g Kohlenhydrate
12 g Ballaststoffe • 222 mg Cholesterin

TIP

Der Joghurt gibt dem Hirseauflauf einen leicht säuerlichen Geschmack und erinnert an die türkische Küche. Nach Belieben können Sie den Auflauf auch mit Mozzarella, Camembert, Schafs- oder Ziegenkäse überbacken.

Falscher Hase vegetarisch

Dieses Gericht eignet sich gut, wenn Sie Gäste erwarten. Der Getreidebraten kann schon einige Zeit im Voraus zubereitet werden. So haben Sie Zeit, in Ruhe die Gäste zu begrüßen und gemütlich mit ihnen anzustoßen.

Für 4 Portionen

300 g Dreikornmischung aus Weizen, Hirse, Grünkern
1 Zwiebel, 2 Knoblauchzehen
1/2 Bund gemischte Kräuter (Dill, Schnittlauch, Basilikum, Petersilie, Pimpinelle)
50 g flüssige Butter
100 g Paniermehl aus Vollkornbröseln
2 Eigelbe
1/4 l Gemüsebrühe
150 g süße Sahne
Meersalz

Für die Sauce:

einige frische Salbeizweige
50 g Butter
30 g Vollkornmehl
1/2 l Gemüsebrühe
100 g süße Sahne
Butter für das Blech

Zubereitungszeit 80 Minuten

❶ Die Dreikornmischung mindestens 12 Stunden in reichlich kaltem Wasser einweichen. Anschließend in ein Sieb gießen und abtropfen lassen.

❷ Ein Backblech einfetten. Die Zwiebel und die Knoblauchzehen abziehen und hacken. Die Kräuter waschen, trockentupfen, von den Stängeln zupfen und fein wiegen.

❸ In einer Schüssel die Dreikornmischung mit den Zwiebel- und Knoblauchwürfeln, den Kräutern, der Butter, den Vollkornbröseln, den Eigelben, der Gemüsebrühe und der Sahne gut miteinander verkneten.

❹ Den Getreideteig mit Meersalz abschmecken. Dann zu einem Hackbraten formen und auf das Backblech legen. In den kalten Backofen (mittlere Schiene) schieben und den Getreidebraten bei 200 °C (Umluft 180 °C, Gas Stufe 3–4) etwa 40 Minuten backen.

❺ Den Salbei waschen, von den Stängeln zupfen und fein hacken. In einem Topf aus Butter und Vollkornmehl eine Schwitze rühren und diese mit Gemüsebrühe etwa 5 Minuten durchkochen. Mit Sahne und Salbei verfeinern und mit Meersalz nach Belieben abschmecken.

❻ Den Getreidebraten kurz auskühlen lassen und in dickere Scheiben schneiden. Mit der Salbeisauce überziehen und sofort servieren.

► Pro Portion

3130/750 kJ/kcal
48 g Fett • 60 g Kohlenhydrate
8 g Ballaststoffe • 280 mg Cholesterin

Der falsche Hase ist eine raffinierte und etwas ungewöhnliche Mischung aus kernigem Getreide und zarter Salbeisauce mit Sahne (Seite 113).

Tomatenreis mit Koriander

Koriander ist ein weit verbreitetes Gewürz und wird überwiegend bei der Herstellung von Backwaren, Brot, Lebkuchen, Spekulatius und Aachener Printen verwendet. Aber auch Suppen, Eintopfgerichte oder exotische Salate erhalten durch Koriander ihren charakteristischen Geschmack.

Für 4 Portionen

- 200 g Naturreis
- 1 Bund frisches Koriandergrün
- 2 Schalotten
- 2 Knoblauchzehen
- 5 EL Olivenöl
- 1 EL Tomatenmark
- 3/8 l Gemüsebrühe
- 1/4 l roher Tomatensaft
- 250 g Maiskörner (frische bevorzugt, aber auch Tiefkühlkost)
- Kräutersalz

Zubereitungszeit 40 Minuten
Einweichzeit 8 Stunden

❶ Den Naturreis mit so viel Wasser aufgießen, dass alles bedeckt ist. Den Reis etwa 8 Stunden quellen lassen.

❷ Den Naturreis in ein Sieb gießen und abtropfen lassen. Das Koriandergrün waschen, von den Stängeln zupfen und fein wiegen. Die Schalotten und die Knoblauchzehen abziehen und fein hacken.

❸ In einem breiten Topf das Olivenöl erhitzen. Die Schalotten- und Knoblauchwürfel einstreuen und glasig dünsten. Den Naturreis mitdünsten und mit Tomatenmark nur leicht anrösten.

❹ Die Gemüsebrühe und den Tomatensaft dazugießen. Nach dem ersten Aufkochen die Maiskörner hinzufügen und mit Kräutersalz abschmecken.

❺ Den Tomatenreis bei kleiner Hitze zugedeckt etwa 20 Minuten garen. Den Topf von der Herdplatte nehmen, das Koriandergrün unterheben und alles noch etwa 5 Minuten ziehen lassen.

► **Pro Portion**
1693/405 kJ/kcal
15 g Fett • 56 g Kohlenhydrate
5 g Ballaststoffe • 0 mg Cholesterin

Reis mit Cashews und Rosinen mit Salat

Für 4 Portionen

300 g Rundkornreis (z. B. Arborio aus Italien)
Meersalz
1 Bund Frühlingszwiebeln
100 g ungesalzene Cashewnüsse
1 Römer- oder Kopfsalat
150 g saure Sahne
1 EL Honig
etwas frisch geriebene Schale einer unbehandelten Zitrone
1 EL gehackte Petersilie
50 g Butter, 50 g Rosinen

Zubereitungszeit 60 Minuten

❶ Den Reis gründlich waschen, in kochendes Salzwasser geben und in etwa 15 Minuten garen.

❷ In der Zwischenzeit die Frühlingszwiebeln putzen und fein hacken. Die Cashewnüsse zerkleinern. Den Salat in einzelne Blätter zupfen, gründlich waschen, abtropfen lassen und in Streifen schneiden.

❸ Aus saurer Sahne, Honig, Zitronenschale, Petersilie und Meersalz ein Dressing rühren. Den Reis abgießen, kalt durchspülen und gründlich abtropfen lassen.

❹ Die Frühlingszwiebeln in der Butter andünsten. Den Reis dazugeben und das Ganze gründlich vermischen. Mit Meersalz würzen. Cashews und Rosinen hinzufügen.

❺ Auf vier großen Tellern den Reis in der Mitte verteilen. Rundherum die Salatstreifen geben und diese löffelweise mit Dressing überziehen.

► **Pro Portion**
2658/636 kJ/kcal
26 g Fett
80 g Kohlenhydrate
5 g Ballaststoffe
176 mg Cholesterin

TIP

Frühlingszwiebeln haben ein sehr feines Aroma und geben dem Reis eine dezente Note. Sie sind am besten zwischen April und Oktober auf dem Markt zu kaufen.

Paella mit Cashews

Safran gewinnt man aus getrockneten gelben Blütennarben einer Krokusart. Von Bedeutung ist sein intensives Färbevermögen. Der gelbe Farbstoff aus 0,01 Gramm Safran färbt drei Liter Wasser gelb, ohne besonderen Geschmack zu geben.

Für 4 Portionen

- 300 g Naturreis
- 3 Knoblauchzehen
- 1 Zwiebel
- 1 kleine rote Chilischote
- je 1 grüne, gelbe und rote Paprikaschote
- 4 EL Olivenöl
- Kräutersalz
- 1/4 TL Currypulver
- 1 Döschen Safran
- 1 l Gemüsebrühe
- 150 g Cashewkerne

Zubereitungszeit 50 Minuten
Einweichzeit 8 Stunden

❶ Den Naturreis mit kaltem Wasser aufgießen und etwa 8 Stunden quellen lassen.

❷ Den Naturreis in ein Sieb gießen und abtropfen lassen. Die Knoblauchzehen und die Zwiebel abziehen und fein hacken. Die Chilischote waschen, der Länge nach aufschneiden, entkernen und fein würfeln.

Paella einmal anders, ohne Fisch und Meeresfrüchte – in Anlehnung an die indische Küche ergänzen sich Cashews, Curry und Chilischoten perfekt (Seite 117).

❸ Die Paprikaschoten waschen, vierteln, entkernen und in kleine Würfel schneiden. In einem breiten Topf das Olivenöl erhitzen.

❹ Die Zwiebel-, Knoblauch- und Chiliwürfel in dem Olivenöl dünsten. Den Reis einstreuen und unter ständigem Rühren etwa 5 Minuten dünsten. Salzen.

❺ Die Paprikawürfel hinzufügen und das Ganze mit Currypulver bestäuben. Den Safran in der Gemüsebrühe verrühren und das Gemüse damit aufgießen.

❻ Nach dem ersten Aufkochen die Hitze reduzieren und den Reistopf mit einem Deckel verschließen. Während der Garzeit von etwa 20 Minuten den Reis einige Male durchrühren.

❼ Cashewkerne in ein Küchentuch einhüllen und mit dem Fleischklopfer fein hacken. Kurz vor Ende der Garzeit die Cashewkerne unterheben. Das fertige Reisgericht vor dem Servieren 5 bis 10 Minuten ziehen lassen.

► Pro Portion
2678/640 kJ/kcal
30 g Fett • 71 g Kohlenhydrate
9 g Ballaststoffe • 0 mg Cholesterin

TIP

Vorsicht beim Schneiden der Chilischote! Sie enthält einen äußerst scharfen Geschmacksstoff. Fassen Sie sich mit den Händen nicht in die Augen!

Spaghetti mit Tomatensauce

TIP

Diese Tomatensauce enthält recht wenig Zutaten, deshalb sollten Sie besonders auf Qualität achten. Nehmen Sie voll ausgereifte Tomaten mit vollem Aroma, frische Kräuter, am besten unmittelbar vor der Zubereitung im Kräuterbeet geerntet, und kaltgepresstes Olivenöl mit feinem Aroma.

Für 4 Portionen

- 2 Knoblauchzehen
- 1 große Zwiebel
- 800 g Tomaten
- einige frische Basilikum- und Oreganoblättchen
- 4 EL kaltgepresstes Olivenöl
- Meersalz
- schwarzer Pfeffer
- 500 g Vollkornspaghetti

Zubereitungszeit 40 Minuten

❶ Die Knoblauchzehen und die Zwiebel abziehen und klein würfeln. Die Tomaten waschen und kreuzweise einschneiden. Mit kochendem Wasser überbrühen, kalt abbrausen und häuten. Die Stielansätze entfernen und das Fruchtfleisch klein würfeln. Die Basilikum- und Oreganoblättchen waschen und in Streifen schneiden.

❷ In einer Pfanne drei Esslöffel Olivenöl erhitzen und darin die Zwiebel- und Knoblauchwürfel dünsten. Die Tomaten hinzufügen und weitere 10 Minuten dünsten.

❸ Die Tomatensauce mit Salz und Pfeffer würzen. Die Basilikumblättchen unterheben.

❹ Die Vollkornspaghetti in kochendes Salzwasser mit einem Esslöffel Olivenöl geben und bissfest garen.

❺ Die Nudeln in ein Sieb schütten und abtropfen lassen. Auf vier vorgewärmte Teller verteilen und mit Tomatensauce überziehen.

► Pro Portion

2400/574 kJ/kcal
15 g Fett • 84 g Kohlenhydrate
16 g Ballaststoffe • 85 mg Cholesterin

Grüne Spaghetti mit Pesto

Für 4 Portionen

- 400 g Vollkornspaghetti
- Meersalz, 9 EL Olivenöl
- 500 g Eiertomaten
- 1 Hand voll frische Basilikumblätter
- 2 Knoblauchzehen
- 100 g ungesalzene Pistazienkerne ohne Schalen
- 4 bis 6 schwarze Pfefferkörner
- 50 g flüssige Butter

Zubereitungszeit 40 Minuten

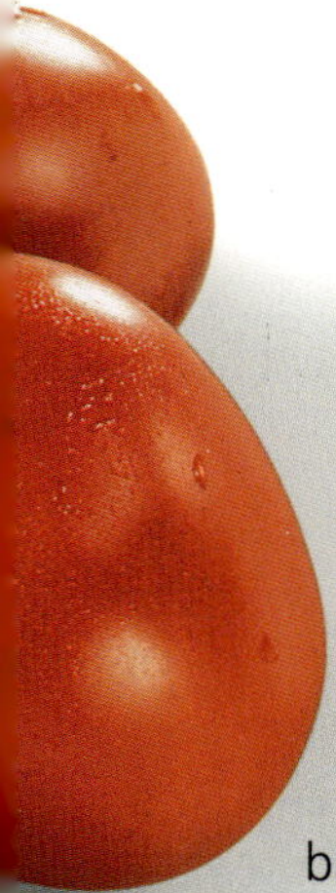

❶ Die Spaghetti in reichlich kochendes Salzwasser mit einem Esslöffel Olivenöl geben und in etwa 12 Minuten bissfest garen.

❷ In der Zwischenzeit die Tomaten kreuzweise einschneiden und mit kochendem Wasser überbrühen, dann häuten und grob zerschneiden.

❸ Die Basilikumblätter waschen, trockentupfen und grob zerpflücken. Knoblauch abziehen und durch die Presse drücken.

❹ Das restliche Olivenöl mit den Tomatenstücken, den Basilikumblättern, dem Knoblauch, den Pistazienkernen und den Pfefferkörnern im Mixer mittelfein pürieren. Nach Belieben mit Meersalz abschmecken.

❺ Die Spaghetti in einem Sieb abgießen und abtropfen lassen. Zusammen mit dem Pesto und der flüssigen Butter vermengen und auf vier vorgewärmten Tellern verteilen.

► Pro Portion
3459/827 kJ/kcal
50 g Fett • 66 g Kohlenhydrate
13 g Ballaststoffe • 98 mg Cholesterin

Grüner Nudelauflauf

Brokkoli lang anbraten, gut salzen

Für 4 Portionen 1x

300 g Vollkornnudeln
Meersalz, 500 g frischer Brokkoli
60 g Butter, 100 g Mandeln
200 g Doppelrahmfrischkäse
1/8 l Gemüsebrühe
300 g süße Sahne, 5 Eigelbe
Muskatnuss, Butter für die Form

Zubereitungszeit 70 Minuten

❶ Vollkornnudeln in Salzwasser bissfest garen. Brokkoli waschen, in kleine Stücke schneiden und mit den Mandeln in die heiße Butter geben. 5 Minuten dünsten, salzen. Frischkäse, Gemüsebrühe, Sahne und Eigelbe gut verrühren.

❷ Die Nudeln mit dem Brokkoli schichtweise in die gefettete Auflaufform geben, mit Salz und Muskatnuss würzen. Die Sauce darüber gießen, in den kalten Backofen (mittlere Schiene) schieben und bei 200 °C (Umluft 180 °C, Gas Stufe 3–4) 40 Minuten backen.

► Pro Portion
4298/1028 kJ/kcal • 73 g Fett
53 g Kohlenhydrate
12 g Ballaststoffe
614 mg Cholesterin

Doppelrahmfrischkäse wird in verschiedenen Geschmacksrichtungen angeboten, wie z.B. natur, mit Knoblauch, mit Kräutern und Gemüse.

Kohl-Lasagne mit Mascarpone

Sollten Sie keine Vollkorn-Lasagneblätter bekommen, können Sie auch andere Nudelsorten zum Überbacken verwenden.

Für 4 Portionen

1 Packung Vollkorn-Lasagne-Nudelblätter
Meersalz
3 EL Olivenöl
500 g Tomaten
500 g Weißkohlblätter
einige frische Oreganoblätter
50 g Butter
30 g Weizenvollkornmehl
500 g süße Sahne
Kräutersalz
100 g Mascarpone
200 g Ziegen- oder Schafskäse
Olivenöl für die Form

Zubereitungszeit 80 Minuten

1 Die Lasagneblätter portionsweise in Salzwasser mit Olivenöl bissfest garen. Mit kaltem Wasser abschrecken und auf Küchenpapier abtropfen lassen.

2 Die Tomaten waschen, das grüne Stielende entfernen und in dünne Scheiben schneiden.

3 Die Kohlblätter in nudelartige Streifen schneiden und in kochendes Salzwasser legen. Sobald das Wasser aufkocht, die Kohlstreifen herausnehmen, in ein Sieb geben, kalt abschrecken und abtropfen lassen.

Verblüffend, was man aus dem »Standardgemüse Kohl« alles machen kann (Seite 121).

4 Die Oreganoblätter waschen und grob schneiden. Eine Auflaufform mit Olivenöl ausstreichen.

5 In einem Topf aus Butter und Weizenvollkornmehl eine Schwitze rühren. Mit Sahne und 0,2 Liter Wasser aufgießen. Nach dem ersten Aufkochen die Sauce etwa 5 Minuten leicht kochen lassen und mit Kräutersalz abschmecken.

6 Zwei Drittel der Sauce mit dem Mascarpone vermischen und zuletzt die Kohlstreifen unterheben. Den Ziegen- oder Schafskäse in dünne Scheiben oder Stücke schneiden.

7 Den Boden der Auflaufform dünn mit Kohlsauce bedecken. Darauf abwechselnd Lasagneblätter, Käse, Tomaten und Sauce einschichten. Mit den Lasagneblättern abschließen und darüber den Rest Sauce gießen.

8 Die Auflaufform in den kalten Backofen (mittlere Schiene) schieben und die Kohl-Lasagne bei 200 °C (Umluft 180 °C, Gas Stufe 3–4) etwa 40 Minuten goldbraun backen.

► Pro Portion
4469/1069 kJ/kcal
78 g Fett • 56 g Kohlenhydrate
12 g Ballaststoffe • 264 mg Cholesterin

Gratinierte Makkaroni

Für 4 Portionen

- 400 g Vollkorn-Makkaroni
- Meersalz
- 250 g frischer Blattspinat
- 2 Knoblauchzehen
- 40 g Butter
- 100 g Gouda
- 400 g süße Sahne, 2 Eier
- frisch geriebene Muskatnuss
- 2 EL Olivenöl, Butter für die Form

Zubereitungszeit 60 Minuten

❶ Die Makkaroni in kochendes Salzwasser geben und in etwa 12 Minuten bissfest garen. In ein Sieb schütten und kalt abschrecken.

❷ Den Blattspinat verlesen, waschen und etwas kleiner zupfen. Die Knoblauchzehen abziehen und hacken. Eine Auflaufform mit Butter ausfetten. Die Butter in einem breiten Topf erhitzen. Den Knoblauch darin glasig dünsten.

Knoblauch ist ein sehr beliebtes und häufig verwendetes Gewürz in der Küche. Isst man gekochten Knoblauch, »riecht« man es nicht so stark wie nach dem Verzehr von rohem.

❹ Den Blattspinat in die Knoblauchbutter streuen und unter vorsichtigem Wenden 1 Minute dünsten. Mit Meersalz würzen. Den Käse fein reiben.

❺ Die Sahne mit den Eiern und dem geriebenen Muskat verschlagen. Zuletzt den geriebenen Käse unterheben. Die Makkaroni mit dem Knoblauch-Spinat in die Auflaufform schichten und dabei jede Schicht mit ein paar Löffeln Sahne-Eiermischung begießen.

❻ Die letzte Schicht üppig mit Sahne begießen und etwas Olivenöl darüber träufeln. Die Auflaufform in den kalten Backofen schieben und den Auflauf bei 220 °C (Umluft 200 °C, Gas Stufe 4–5) etwa 20 Minuten goldgelb backen.

► Pro Portion

3938/942 kJ/kcal
59 g Fett • 64 g Kohlenhydrate
10 g Ballaststoffe • 344 mg Cholesterin

mehr Käse
Teig mehr salzen

Schweizer Pizza mit frischen Tomaten

2x

Für 4 Portionen

- 100 g Haferflocken
- 400 g Weizenvollkornmehl
- 1 frischer Hefewürfel (42 g)
- 1 EL Honig
- 800 g Eiertomaten
- 1/2 Bund Oregano- und Basilikumblättchen
- 3 Knoblauchzehen
- 5 EL Olivenöl
- 1/2 TL Meersalz
- 200 g Schweizer Appenzeller
- Olivenöl für das Blech

Zubereitungszeit 60 Minuten

❶ Die Haferflocken mit 200 ml kochendem Wasser begießen, umrühren und etwa 15 Minuten quellen lassen.

❷ Das Vollkornmehl in eine Schüssel sieben und in der Mitte eine Mulde formen. Die Hefe in 200 ml lauwarmes Wasser bröckeln und zusammen mit dem Honig verrühren.

❸ Die Hefemischung in die Mehlmulde gießen, mit Mehl bestäuben und die Schüssel mit einem Tuch abdecken. Den Vorteig etwa 20 Minuten gehen lassen.

❹ In der Zwischenzeit die Tomaten waschen, kreuzweise einschneiden und mit kochendem Wasser überbrühen. Kalt abbrausen, die Haut abziehen und das Fruchtfleisch in dünne Scheiben schneiden.

❺ Die Basilikum- und Oreganoblättchen von den Stielen zupfen und fein wiegen. Knoblauch abziehen, durch eine Presse drücken und mit den Kräutern und dem Olivenöl verrühren.

❻ Den Vorteig mit dem restlichen Mehl, den Haferflocken und dem Meersalz zu einem geschmeidigen Hefeteig verkneten. Leicht mit Mehl bestäuben und nochmals 20 Minuten ruhen lassen.

❼ Ein Backblech mit Öl bestreichen. Den Teig auf einer bemehlten Arbeitsfläche auswellen und das Blech damit auskleiden.

❽ Den Hefeteig mit dem vorbereiteten Kräuter-Knoblauch-Öl bestreichen und darauf die Tomatenscheiben legen. Leicht salzen. Den Käse reiben.

❾ Den Appenzeller über die Tomaten streuen, das Backblech in den kalten Backofen (mittlere Schiene) schieben und die Pizza bei 200 °C (Umluft 180 °C, Gas Stufe 3–4) etwa 35 Minuten backen.

► **Pro Portion**

3344/800 kJ/kcal
31 g Fett • 87 g Kohlenhydrate
15 g Ballaststoffe • 37 mg Cholesterin

TIP

Hefeteig erfordert etwas Geduld und Sorgfalt. Das Wichtigste dabei ist, den Teig an einem warmen, geschützten Ort ruhen zu lassen. Außerdem sollten alle Zutaten etwa Zimmertemperatur haben. Dann kann fast nichts mehr schief gehen.

Rezeptregister von A–Z

Eiweißgerichte

Kohlenhydratgerichte

Sachregister

Quizauflösung von Seite 6 und 7

Folgende Anworten sind richtig:

1c	4c	7c	10c	13c	16c
2b	5a	8c	11a	14b	17b
3a,b,c	6a	9b	12a	15a	

Die Autorin
Rose Marie Donhauser absolvierte drei gastronomische Ausbildungen, u. a. als Köchin im Hotel International in München. Nach weiteren kulinarischen Erfahrungen in internationalen Hotels wandte sie sich 1988 dem Schreiben von Kochbüchern zu. Mittlerweile hat sie rund 50 Titel zu unterschiedlichen Themen veröffentlicht. Ihre Rezeptveröffentlichungen zeugen von ihrer großen Kochpraxis und Kreativität.

Der Fotograf
Karl Newedel arbeitet als Food-Fotograf in München. Dabei profitiert er stark von seiner klassischen Kochausbildung. Bereits mit 23 Jahren war er Küchenchef in einem renommierten Münchner Hotel. 1982 wechselte er in den Bereich der Food-Fotografie, wo er sich zunächst als freischaffender Food-Stylist für Verlage, Werbeagenturen und Filmproduktionen einen Namen gemacht hat. Seit 1996 steht er im eigenen Studio selbst hinter der Kamera.

Anmerkung der Redaktion
Diesem Buch liegt die im Juli 1996 in Wien beschlossene und ab 1. August 1998 verbindliche Neuregelung der deutschen Rechtschreibung zu Grunde.

Lektorat: Susanne Kirstein
Projektleitung: Michaela Röhrl
Bildredaktion: Bettina Huber
Fotografie: Karl Newedel
Produktion: Manfred Metzger
Layout und Umschlaggestaltung: Manuela Hutschenreiter
Drehscheibe/Grafik: Maren Scherer
DTP/Satz: Elke Löb

Bildnachweis
Alle Foodmotive stammen von Karl Newedel mit Ausnahme von: 10o., 14 li., 17, 18, 20u., 22o., 23, 24, 25, 28, 29o., 36, 46u., 51o., 66o., 71, 78u., 79, 83u., 86u., 90u., 98, 119u. (Amos Schliack)

Printed in Italy
Gedruckt auf chlor- und säurearmem Papier

ISBN 3-517-07630-9